Carl Conte

TREFFPUNKT KABUL

Reisen durch das neue Afghanistan

Verlag Expeditionen

Bibliografische Information der Deutschen Nationalbibliothek:
Die Deutsche Nationalbibliothek verzeichnet diese Publikation
in der Deutschen Nationalbibliografie; detaillierte bibliografische
Daten sind im Internet über http://dnb.dnb.de abrufbar.

2016 Verlag Expeditionen GmbH

Treffpunkt Kabul
2. Auflage 2016
1. Auflage bei Edition HAV, 2005
Umschlagfoto: Wolf-Ulrich Cropp
Printed in Germany

ISBN: 978-3-943863-57-4

Inhalt

„Afghanen - kühn wie die Falken,
grausam wie die Leoparden.“
(Sir Winston Churchill)

Land eines Traums

24. Dezember 2001

Afghanistan! Land unter dem Hindukusch. Land gleißenden Lichts mit rauer Struktur, schweigsamen, harten Männern und geheimnisvoll-verschleierten Frauen, deren Burkas ewiger Wüstenwind bläht, wie mächtige Segel. Hoffnungsvolle Segel, die die Menschen am Ende an ein sicheres Gestade tragen? Kennst du ein Land größerer Faszination? Lockenderer Abenteuer? Geheimnisvollerer Menschen? Von Nord nach Süd, von Ost nach West durch die Welt gereist muss ich gestehen: Nein! Seit ein gewisser Oskar von Niedermayer auf seiner Expedition einen wichtigen deutsch-afghanischen Kontakt herstellte, ist Afghanistan das Land meiner Träume. Seinen Expeditionsbericht verschlang ich wie „Karawanen der Nacht“, James Micheners Afghanistan-Roman oder Jason Elliots „Unerwartetes Licht.“ Ich begleitete in Gedanken Karawanen durch die Dascht-i-Margo, die Todeswüste. Bangte beim buskaschi, dem brutalen Reiterspiel der Turkmenen oder lauschte Mythenerzählern auf den Basaren von Kabul und Kandahar...
Merkwürdig, bei uns ist Ritter von Niedermayer so gut wie vergessen. Anders bei den Afghanen: Präsident Hamid Karsai erstaunte 2002 deutsche Politiker in Berlin: „Unsere Freundschaft begann schon im

Ersten Weltkrieg, nämlich mit dem Aufkreuzen der Niedermayer-Mission in Kabul" ...Und diese Verbundenheit hält bis heute!

Doch das Land der Sehnsucht blieb mir bisher verschlossen, ich habe es nie bereist. Dies mag an Afghanistans selbst auferlegter Isolation, an den politischen Wirrnissen, der Unsicherheit für Reisende gelegen haben oder daran, dass ich stets andere Ziele vorzog. Nach den Sowjets herrschten die Taliban und nach den Taliban überzog das Land abermals Krieg. Ich gab es auf zu glauben, dass ich Afghanistan jemals erleben werde.

Bis sich am 24. Dezember 2001 mein Sohn, der gerade geheiratet hatte, an den Tannenbaum stellte und verkündete: „Anfang Januar werde ich in Afghanistan sein!"

Christa, der Jungvermählten, fiel der Kinnladen herab. Nora, meine Frau, durch mich eigentlich an allerhand Überraschungen gewöhnt, entfuhr es: „Gerd, das darfst du uns nicht antun!"

Gerd schaute etwas verlegen in die Schar der Heiligabendgäste und meinte: „Die Mission der Bundeswehr hat sich gewandelt. Deutschland wird am Hindukusch verteidigt."

„So ein Blödsinn!" riefen die Frauen im Chor. Ins allgemeine Durcheinander sagte ich auf's gerade Wohl und ruhig wie irgendmöglich: „Treffpunkt Kabul – ich werde da sein"

Gerd reichte mir die Hand: „Abgemacht!"

„Ich bin vor dir da", sagte ich, „was setzt du dagegen?"

„Okay", meinte Gerd: „Tausend Euro, dass ich zuerst da bin!"

Stille unterm Tannenbaum. Den Frauen hatte es die Sprache verschlagen. Schwager Herrmann meldete sich zu Wort: „Die Wette gilt, der Verlierer zahlt tausend Euro...“

„... an den Hilfsverein ‘Afghanistan Schulen’“, sagte ich.

Damit wurde durchgeschlagen. Nora und Christa entkrampften sich: „Seid ihr jetzt alle wahnsinnig geworden?“ Damit war die Weihnachtsstimmung dahin. Aber ich hatte ein neues Reiseziel: Afghanistan. Endlich! Und ich wollte als erster da sein. Aber wie einreisen? Welche Grenze überqueren? Die von Usbekistan, Tadschikistan, Pakistan? Afghanistan war ein Land im Kriegszustand. Visa wurden nicht ausgestellt.

„... Die hören sollten,
die hören nicht mehr
vernichtet ist das ganze Heer,
Mit 13000 der Zug begann,
einer kam heim aus Afghanistan!"
(Theodor Fontane)

Der Khyberpass

Januar 2002

„Es auf dem Landweg, über den Khyber zu versuchen, ist keine gute Idee, Sir", meinte Sami Yousafa, ein Journalist aus Nowshera. Der Zufall hatte uns in dem Minibus nebeneinander sitzen lassen. Und so rumpelten wir schon geraume zwei Stunden auf der stark befahrenen Nationalstraße von Islamabad in Richtung Pakistans „Wilden Westen", der Grenzstadt Peschawar zu.
„Warten Sie doch bis Kabul regelmäßig angeflogen wird. Könnte schon in vier, fünf Wochen sein. Dann bin ich auch da", gab Sami wieder zu bedenken.
„Das dauert zu lang."
In Nowshera ließ er den voll besetzten Bus zehn Minuten warten, eilte nach Hause und erschien mit einem Buch: „Hier – und gute Unterhaltung. Hoffe wir sehen uns in Kabul – lebend!"
Sami hatte eine makabre Art von Humor. Das Buch raubte mir später den Schlaf. Es handelte von brutalen afghanischen Stammesfürsten. Von warlords zwischen Khyberpass und Jalalabad. Wilde Gesellen treiben dort ihr Unwesen. Wer den Wegzoll nicht

bezahlen kann oder will, wird verschleppt, bisweilen umgebracht, zuvor jedoch Arme und Beine abgehackt.

Der Khyberpass ist zur Zeit der berüchtigste hotspot auf dem Globus. Jedem Gesetzesarm entzogen. Die Afghanen hat nicht erst der 23-jährige Bürgerkrieg hart gemacht. König Mohammad Zahir, der sich für afghanische Verhältnisse unglaublich lange 40 Jahre an der Macht hielt, wurde nicht müde zu verkünden: „Ich herrsche mit eiserner Hand über ein eisernes Volk!" Und das nur, was die Außenpolitik betraf, im übrigen herrschten die Fürsten seines Reichs von jeher nach eigenem Gutdünken.

Der Khyberpass ist, was die Szenerie betrifft, nicht das aufregendste Tor nach Afghanistan. Historisch gesehen aber allemal! „Im großen Spiel" rangen Russland und Großbritannien um die Vorherrschaft in Zentralasien. Dabei kam es zu drei großen Kriegen zwischen Briten und Afghanen. Die erste Auseinandersetzung um 1841 endete für die britischen Truppen, wie Fontanes Ballade beschrieb, in einer verheerenden Niederlage. Sie führte, wie Feldmarschall Sir Gerold Templer zusammenfaßte: „Bis dahin schändlichsten und demütigendsten Episode in der Geschichte unseres Krieges gegen einen asiatischen Feind." Alles nur, weil die Briten aus Angst um die Sicherheit Indiens in Afghanistan einmarschierten und den Emir Dost Mohammed absetzten, weil dieser sich angeblich mit Russland verbünden wollte. Statt seiner wurde der beeinflussbare, unbeliebte Emir Schah Schuja auf den Thron gehievt. Ein Aufstand war programmiert.

Afghanen, die im Januar 1842 Generalmajor William

Elphinstones Heer vernichteten, gehörten verschiedenen Volksgruppen an: Paschtunen, die eigentlichen Afghanen, die ihre Abstammung auf König Saul von Israel zurückführen, Hazara, Tadschiken und Kuzilbaschi. Allesamt zähe Bergbewohner, die ihren Lebensunterhalt als Soldaten, viehzüchtende Nomaden oder Bauern bestritten. Treue wurde nur den feudalen Stammeshäuptlingen erwiesen, die sich bei ihren endlosen Fehden und Raubzügen einer loyalen Gefolgschaft erfreuten. Wilder Stolz, die Freiheitsliebe und der daraus folgende Hass auf jegliche ausländische Einmischung wurde von den Briten, später von den Sowjets und jetzt von den Amerikanern unterschätzt. Mord war alltäglich. Selbst Familienmitglieder wurden nicht verschont. „Das ist das Grab meines Schwiegervaters“, soll ein afghanischer Clanchef einem englischen Offizier erklärt haben und wies auf eine Steinplatte, „ich tötete ihn nach der Heirat, weil er feige war.“

Wie zu jener Zeit wand sich der Pass, einer mächtigen Boa gleich, durch karges, schwer passierbares Gebirge. Auf ihrem Rücken wurden Waffen verschoben, Rauschgift und Menschen geschmuggelt. Hauptsächlich Mädchen, die in den Bordellen der Emirate oder in den Bars feiner Hotels von Dubai „arbeiten“ mußten.

Ich hatte gestern mit Emirates Airways, über Dubai, Pakistans Hauptstadt Islamabad erreicht. Während des stop-over in Dubai bekam ich kein Auge zu. Scheichs aus Saudi Arabien und anderswo amüsierten sich lautstark die ganze Nacht mit Mädchen aus Afghanistan bei Wodka, Wein und Bier.

Inschallah, so Gott will, gelangt der Reisende schließlich in die afghanische Bergwelt, damit in die Klauen Abdul Qadirs, warlord und Herr über große Mohnfelder, die ihm durch Opium und Heroin die Kriegskasse füllen. Jenseits der Grenze erstrecken sich auch jene Felder, die in ihrer Art die größten und zerstörerischsten der Erde sind: Minenfelder.

Gegen Abend erreichte ich Peschawar. Tags drauf organisierte ich meine Fahrt ins verbotene Land. Ein Taxifahrer dolmetschte und fuhr mich von Behörde zu Behörde, von Ministerium zu Ministerium. Rasch stellte sich heraus, dass ein offizielles Einreisen unmöglich war. Es sei denn, ich hätte eine bekannte Hilfsorganisation oder bekannte Sender wie BBC, CNN oder ZDF im Kreuz.

Gerade hetzte ich von meiner Herberge „Amin" durch die Altstadt zum Lkw-Sammelplatz, wo ein Fahrer auf mich, doch vor allem aber auf einen Vorschuss wartete.

Die ganze Stadt ächzte unter diesem irren Cocktail aus Gestank, Lärm, Abgasen und Verkehrschaos. Man möchte das Atmen aufgeben! Erstmals beneidete ich Frauen in ihren Burkas, die wie Ganzkörperkondome weibliche Wesen verpackten. Ja, es gab die Burkas auch hier, in diesem Teil Pakistans, wo mehr Paschtunen leben als im Land der Paschtunen, Afghanistan! Und das Schleiergewand erfüllte den Zweck, die pestilenzialische Luft ein wenig zu filtern. Verschleierte und Verhüllte warfen mir glutäugige Blicke nach. Weit und breit schien ich in diesem Hexenkessel der einzige Europäer zu sein und ich kam mir vor, wie ein Nackter auf dem Kostümfest.

Das musste sich ändern!

Auf dem Qissa Khawani Basar erstand ich rasch die

obligate Wollkappe der Paschtunen, den pokol und hüllte mich in eine Baumwolldecke, die hier pattu heißt. Ein Sonnenbrillenimitat von Ray-Ban machte die Metamorphose komplett. Seitlich beulte das Kameraobjektiv die Wolldecke aus, als trug ich versteckt eine Kalaschnikow.

„Mudschaheddin!“ rief Habbib, mein Fahrer. Doch selbst mit meiner Verkleidung und dem Vorschuss in der Tasche war ihm bei dem Gedanken an das Vorhaben, mit mir durchs Gebiet der Freischärler und Kriegsfürsten zu brummen, verdammt unwohl. Nicht weil ich als blinder Passagier ein Einzelfall gewesen wäre. Nein. Nur meinte er, ich hätte mich in der Himmelsrichtung geirrt. Die anderen wollten von West nach Ost – also Afghanistan verlassen. Aber was soll's, aus den neugierigen kafiren, den Ungläubigen aus Amerika und Europa, wurde ohnehin keiner schlau! Habbib steuerte den 10-Tonner, mit Reis und Rosinen für Kabul beladen, durch die Stadt, am Islamia College vorbei auf der Jamrud Road in Richtung Westen, den Weißen Bergen, dem Pass zu. Peschawar entschwand im beißenden Smog.

Welch' Hohn, der Name der Stadt leitet sich aus dem Sanskritischen „Pushpapura“, „Ort der Blumen“ ab und hatte in der Zeit der Großmoguln (16. Jahrhundert) ihre Bedeutung als Blumenstadt. 327 vor Christus fielen Alexanders Legionen von Westen her ein und kampierten vierzig Tage in unmittelbarer Nähe von Peschawar. Grundmauern des antiken Forts wurden kürzlich ausgegraben. Auf unserer Route, allerdings auch in West-Ost-Richtung marschierte bereits Moguln-Herrscher Babur, „der Tiger“, über den Khyberpass. Das war 1526 nach Christus und

der Auftakt fürs Reich der Großmoguln, dem ganz Südasien einverleibt wurde.
Über das Bordradio erfuhren wir, dass Abdul Qadir seine Macht auf drei Provinzen erweitert hatte. Qadir, seines Zeichens Gouverneur, war einer der brutalsten Kriegsfürsten. Durch seine Provinzen führte unser Weg nach Kabul.
Habbib griff hinter den Sitz und zerrte ein zersplittertes Eisenteil, gross wie ein Unterarm, hervor. Ein Schrapnell, das angeblich die Brust seiner Tochter zerfetzt haben soll.
„Es passierte während des Sturms der Nordallianz, Briten und US-Soldaten, auf Kabul", sagte er bitter. Trotz der Vertreibung der Taliban durch die USA war er auf die fremde Macht nicht gut zu sprechen. „Die Amerikaner", so meinte er, „werden nicht siegen. Sie lieben Coca Cola, die Afghanen aber lieben den Tod!"
Ich dachte an meinen Sohn. Noch hatte ich keinen Kontakt zu ihm. War er schon vor Ort? Wo mochte er mit seinen Männern stecken? Wo sicherten die ISAF-Soldaten? An Kabuls Flughafen Bagrimi? An der Überlandstrasse in Richtung Jalalabad? Oder am Militärstützpunkt Bagram? Ich wusste es nicht. Ob ich ihn überhaupt zu Gesicht bekam? Ein Abenteuer mit offenem Ausgang...
„Und wenn du mal aus der Hose mußt, bleib' auf jeden Fall auf der Fahrbahn!" schärfte mir der Fahrer ein. „Minen lauern überall." Wir schoben uns weiter und weiter ins Gebirge. Zwischen Peschawar und Kabul lagen 380 ungesicherte Kilometer.

Der Gewehrlauf an meinem Bauch und ein nervöser

Zeigefinger eines finsteren Gesellen in der Verlängerung, machten mich schon unruhig. Noch konnte ich nicht feststellen ob mich pakistanische Grenzpolizisten oder Banditen des Abdul Qadir in der Mangel hatten. Ohne Frage, ich stand am Khyberpass. Die Luft war eisig. Felswände bedeckten Schneefelder. Fallwinde schnitten im Gesicht. Doch auf welcher Seite stand ich? Schon afghanisches oder noch pakistanisches Gebiet? Die wilden Typen der Safed-Berge sahen alle gleich aus. Bei diesem aufgebrachten „Herrn" schien die verbeulte Kokarde am pokol auf einen Grenzer hinzuweisen.
Sein Lauf drückte mich in Richtung eines Lehmbretter-Verschlags. Ich brauchte nicht Einstein zu sein, um zu erkennen, dass er mich einsperren wollte. Dass konnte üble Folgen haben! Solche Kerker sind in einem miesen Zustand, außerdem muss man sich diese meist mit Strauchdieben teilen, die an Europäern ihre helle Freude haben.
Ich drehte mich zur Seite und drückte meinem Bewacher den hässlichen Gewehrlauf auf den Boden.
„Wenn Sie mich da hineinbringen, werden Sie mehr Ärger haben als ich", sagte ich, coolness vortäuschend und betete, dass er mich und Englisch verstand. „Ich bin Deutscher, diplomatische Verwicklungen – big troubles for you!"
Er kapierte tatsächlich, also war ich wohl noch auf pakistanischer Seite. Sein Gebrüll habe ich noch im Ohr: „Big problems for you! Nix Erlaubnis, nix Visum, Afghanistan verboten!" Im toten Winkel zu seinen Kameraden, schob ich ihm eine 100-Dollarnote in die Rocktasche. Dabei rann Angstschweiss meinen Rücken runter.

Kurz vor der Arrestzelle sagte er barsch: „Stand here!“ und begab sich zu den übrigen gunmen. Ein nervenzerrendes, unendlich langes Palaver hob an.
Ich traute meinen Augen nicht. Habbib, mein Fahrer tänzelte aus der Grenzstation, winkte zurück, hievte sich ins Führerhaus und brummte davon. Das sind die kleinen Schlitzöhrigkeiten, die uns die Orientalen so sympathisch machen!
Dieses Schwein! Er hatte mich den Gesellen einfach überlassen. Entweder weil er es mit der Angst zu tun bekam oder weil er für den Verrat eine satte Prämie kassiert hatte. Wie recht er doch hatte, der alte Sir Winston: „Die Mutigen brauchst du nicht zu fürchten, aber die Feigen!“ Und meinte die Paschtunen damit.
Endlich schälte sich ein Bursche aus der Gruppe und fuchtelte mit seiner pumpgun in meine Richtung. Diese Art von Schrotflinten sind eigentlich verboten, sie putzen den Kopf mit einem Schuss weg. Rasch begriff ich die Aufforderung zum Abhauen. Erst einmal raus aus der Schusslinie und auf die andere Seite der Passstraße gelangen. Dann dachte ich ans Absetzen. Mit irgend einem Transportmittel, zurück nach Peschawar, bevor die Finsterlinge ernsthaft wild wurden.
Ich setzte mich in den Straßengraben. Wartend rekapitulierte ich: Als der Kyberpass steiler geworden war, immer häufiger bewaffnete Patrouillen auftauchten, hatte „mein“ Fahrer vorgeschlagen, ich sollte auf die Ladefläche steigen und es mir zwischen den Säcken und anderen Gütern „bequem“ machen, aber auf keinen Fall vergessen, die Plane über die Ohren zu ziehen.

Nach einer Weile hielt der Lkw und es war schon merkwürdig, dass die „Wegelagerer“ direkt auf mein Versteck zusteuerten, um mich darunter hervorzuholen. Es ist die besondere Mentalität der stolzen Bergwüstenvölker ganz unterschiedlicher Etherien, auf dornigem Weg zu einem Staatsgefühl, in dem Paschtunen, Tadschiken, Usbeken, Hazaren, Belutschen, Kirgisen, Turkmenen, Nuristani auf einmal zu allererst Afghanen sein sollen. Und das, obwohl der überwiegende Teil der Völker in den Anrainerstaaten lebt! So erklärte ich mir meinen kleinen, privaten Grenzkonflikt am Khyber.

Böen fegten von Westen wie Blizzards. Mir klapperten die Zähne. Hunger und Durst machten sich bemerkbar. Die Berge wirkten bedrohlich, jetzt in der Dämmerung lebensfeindlich. Gegen Abend fauchte ein mächtiger Truck heran. Der nahm mich mit.

In Peschawar hielten wir auf dem Lkw-Sammelplatz unmittelbar vor dem alten afghanischen Flüchtlingscamp. Oben im warmen Fahrerhaus durfte ich noch etwas schlafen. Am nächsten Tag machte ich mich dann beim Verladen von Hilfsgütern nützlich. Das Internationale Rote Kreuz stellte neue Ladungen für Afghanistan zusammen. Ehrlich gesagt, mir fehlte der Mut, die Reise ein zweites Mal auf dem Landweg zu wagen.

Ich fragte Piloten vom Roten Kreuz ob sie mich nach Kabul flögen, natürlich gegen Bezahlung. „Unmöglich!“ war ihre Antwort. Also kehrte ich zum Camp zurück und schleppte weiter Carepakete.

Mörderischer Gestank kroch aus dem Lager heran. Irgend etwas mußte dort vor einiger Zeit verendet sein. Der süßliche Leichengeruch stülpte mir den

Magen um.

„UNHAS fliegt von Islamabad aus einmal pro Woche Kabul an, mit Diplomaten, Journalisten und Helfern“, sagte Tom vom Roten Kreuz wie beiläufig, als wir gemeinsam weiße Getreidesäcke buckelten. Das war der Tipp und einen Versuch wert.

Kabul, eine Stadt nach dem Krieg

Unverschämtes Glück war mir hold. Ohne große Formalitäten saß ich als Journalist in einer kleinen Sondermaschine der UNHAS (UNO) mit dem Ziel Kabul.

Und kaum 70 Minuten später schwebte die Fokker F 28-4000 über den ehemals sowjetischen Militärstützpunkt Bagram ein. Der Pilot vollführte einen raschen Sinkflug, um Raketenangriffen aus versteckten Rebellennestern möglichst wenig Angriffsfläche zu bieten. Im Tower kontrollierten die Amerikaner jeden Flug und entschieden ob gelandet oder gestartet werden durfte. Wer sich ihren Orders nicht unterwarf, wurde unter Feuer genommen. Bagram, 50 Kilometer nördlich der Hauptstadt, ist ein Hochplateau, umgeben von Wüste und schroffen Gebirgszügen. Zerbombte Hangars und Verwaltungsgebäude, zerstörtes Kriegsmaterial säumten die Landepiste. Ein Bild der Verwüstung in der Wüste.

Wie ein Schwarm aufgeschreckter Heuschrecken stoben Kampfhubschrauber in alle Richtungen. Aggressives Geknatter erfüllte die Luft und signalisierte Gefahr, selbst da, wo keine war.

Fröstelnd stand ich mit Helfern und Journalisten auf dem Rollfeld. Die Diplomaten verschwanden bereits in einem Konvoi älterer Daimler und wurden in südlicher Richtung davongefahren. Nässe drang an die Haut. Eisiger Wind blies von den Bergen herab. Hatte man uns vergessen, im Regen?

Ich suchte die Umgebung nach deutschen Hoheits-

zeichen ab. Wenn Gerd im Land war, könnte er sich hier irgendwo aufhalten. Plötzlich rollten zwei Sancars und ein Jeep heran. Ich sah die große, weiße ISAF-Aufschrift, deutsche Nummernschilder mit den Farben schwarz, rot, gold. Als die Fahrzeuge hielten, eilte ich den Soldaten entgegen. Ein Stabsarzt im Range eines Majors, ein Oberleutnant und drei Hauptgefreite stiegen aus.
„Guten Tag, die Herrn", sagte ich, „ich komme aus Hamburg und würde gern den Chef der Fallschirmjägerkompanie aus Varel sprechen." Die Männer grüßten . . . guckten erstaunt.
Der Major antwortete: „Etwa Gerd Conte?"
„Genau den, ist er schon da?"
„Aus Hamburg kommen Sie? Ist ja stark", meinte der Oberleutnant.
„Hauptmann Conte steckt wahrscheinlich noch auf einem Stützpunkt in der Türkei und ist eingeschneit. Wir erwarten ihn. Wann er eintrifft, ist ungewiss. Wir sind eine Vorhut, schon' paar Tage hier", erklärte der Major.
Weiße UN-Busse tauchten auf und bauten sich neben der Fokker auf. Die Fahrzeuge sollten uns abtransportieren. Ich musste mich beeilen.
„Für Ihren Einsatz alles Gute! Grüßen Sie Hauptmann Conte. Ich komme noch mal vorbei"
„Gerne, wird aber verdammt schwierig sein – alles abgeriegelt", rief der Major, „von wem soll ich denn grüßen?"
„Von seinem Vater!"
Im letzten Büchsenlicht rollte nun auch unser Konvoi an tief gestaffelt operierenden Patrouillen vorbei, in Richtung Kabul. Einem undurchdringlichen Ko-

kon gleich, hatte sich Militär aus GI's, englischen, französischen Soldaten und Mudschaheddin der Nordallianz um den Stützpunkt gelegt. Hier herrschte Kriegsrecht. Das nahm der Zivilist wie eine ungeheure Bedrohung wahr.
Die Fahrt auf der von Trichtern übersäten Betonpiste in die Hauptstadt dauerte zwei Stunden. Vor einer zerbombten Brücke verließen wir die Straße und arbeiteten uns durch ein schlammiges, mit Eisschollen durchsetztes Flussbett. Überall verlassene MG-Unterstände, ausgebrannte Panzer, zusammengestürzte Lehmhäuser, alles verwaist, die Bauern geflohen.
Dort – eine Ziegenherde, sogar ein Hirte! Er blickte uns nach, wir starrten ihn an, ungläubig, als sei er der letzte Überlebende seines Volkes... Selbst in der Wüste richtete der Krieg Entsetzliches an! Bellum omnium in omnes, in einem „Krieg aller gegen alles".
Ich schaute durch Dreck verschmierte Scheiben in die tote Landschaft und dachte an Oskar von Niedermayer, der in geheimer Mission Kabul am 1. Oktober 1915 erreichte. Ein Abenteuer, das einer Erinnerung wert ist! Gleichbedeutend mit Lettow-Vorbecks Buschkrieg in Ostafrika, Graf Luckners Kaperfahrten auf hoher See oder den Heldentaten eines Lawrence von Arabien. Oscar Niedermayers Afghanistanexpedition sollte den Emir in Kabul zum Kampf gegen Britisch-Indien bewegen. Der Emir war seit 1880 durch einen Knebelungsvertrag in britische Abhängigkeit geraten.
Die Expedition wurde überstürzt zusammengestellt und ungenügend vorbereitet. Ausrüstung und Waffen gingen auf dem Transport in Rumänien verloren.

Angeworbene persische Stammeskrieger und deren Führer entpuppten sich als Halunken, die mitsamt der Ausrüstung verschwanden. Immer noch war der Trupp ohne geeigneten Führer, bis dem Reserveoffizier, Geographen und Orientexperten Niedermayer am 13. Dezember 1914 in Aleppo das Kommando übertragen wurde. Sogleich befahl er, dass die Expedition sich in kleinen unabhängigen Gruppen in Richtung Osten durchzuschlagen habe. Sein Team kämpfte sich bis Teheran, dann weiter durch die als unpassierbar geltende Salzwüste Kewir. Ab der Oase Tschardeh bei Tebbes traf Niedermayer auf den Legationssekretär Werner Otto von Hentig und schlug sich mit ihm in dramatischen Märschen durch unwirkliche Wüsten, unter ständiger russischer und englischer Bedrohung, an persischen Räuberbanden vorbei, bis an Afghanistans Grenze. Sein Tross bestand aus 50 Deutschen, Österreichern, Indern, angeworbenen Persern und rund 100 Tieren. Der Provinzfürst von Herat päppelte den gesundheitlich angeschlagenen Niedermayer auf, so dass er mit seinen Leuten Mitte September weiter nach Kabul marschieren konnte.

Emir Habib Ullah Chan empfing ihn mit militärischen Ehren. Auch wurde Niedermayer als Staatsgast im Gartenschloß des Regenten untergebracht, doch zu einem entschlossenen Schlag gegen Britisch-Indien war der Emir nicht zu bewegen. Der Sohn des Herrschers, Amanullah, stand einem deutsch-afghanischen Bündnis aufgeschlossener gegenüber. Nach einem Vertragsentwurf begannen die Deutschen mit der Unterweisung des afghanischen Heeres. Brachen die Mission im Mai 1916 jedoch ab, wegen ständiger, wenn auch nur nichtiger Querelen. Niedermayer begab sich auf eine abenteuerliche Heimreise über Masar-i-Sharif, durch die Karakum-Wüste über russisches Territorium bis er schließlich nach mehreren tausend Kilometern, als persischer Bettler verkleidet, das türkische Hauptquartier in Hamadan erreichte. Seine Expedition barg keine ehrgeizigen politischen oder militärischen Erfolge, dennoch bildete sein Besuch den Grundstein für eine deutsch-afghanische Freundschaft, die nach dem Ersten Weltkrieg ihre Wirkung zeigte. Nach der Thronbesteigung Aman Ullahs, 1919, erhoben sich die Afghanen gegen die Briten und ertrotzten ihre Unabhängigkeit. Bei der Modernisierung seines Landes setzte Aman Ullah auf die Zusammenarbeit mit Deutschland und erschien 1928 in Berlin zu einem Staatsbesuch.

Ja, mir scheint angemessen, dass wir uns an die Wurzeln der Co-operation und damit an Oskar von Niedermayers Wüstenexpedition erinnern. Ende November 2001 wurde während der Afghanistan-Konferenz auf dem Bonner Petersberg der Grundstein für ein neues Afghanistan gelegt. Bald werden wieder deutsche Soldaten in Kabul sein, um den Aufbau des kriegszerstörten Landes zu sichern.

Kabul erreichten wir bei völliger Dunkelheit. Wo die Nacht verbringen? Wo Hunger und Durst stillen? Die wenigen intakten Hotels waren hoffnungslos überbucht. Gastlichkeit ist in Afghanistan ein heiliges Gesetz. Im UN-Hauptquartier wartete ein hilfreicher Geist namens Amir, er geleitete mich zu einer klapprigen Schese, die mit mir in einen unbekannten Stadtteil, in eine unbekannte Straße fuhr, wo sie vor einem

unbekannten Haus hielt. Im Wohnzimmer saßen vier verwegene Gestalten. Der Hausherr wies mir eine Ecke des Raumes zu. Ich legte mein Bündel nieder und trank mit den Leuten tschei, heißen, grünen Tee. Es war zu erfahren, dass ich für 40 Dollar die Nacht herzlich willkommen sei. Gastlichkeit bei gesalzenen Preisen, dachte ich. Andererseits überlebte in der Stadt kein Hund die Nacht ohne Obdach. Im Magen rumorte der Hunger. Ich hatte von einem Hotel namens Mustapha gehört, in dem Journalisten nächtigen und essen konnten. Ich erkundigte mich danach. Der Hausherr, Wazik Akbar, kannte es natürlich. Rührend besorgt schlang er mir eine zweite Wolldecke um die Schultern.
„Viel kalt, viel nass!" meinte er.
Draußen regnete es Bindfäden. Akbar verschwand in einem Schuppen, um mit einem Drahtesel zu erscheinen. Ich schwang mich auf den Gepäckträger. Ohne Licht strampelte er mich durch menschenleere, schwarze, halsbrecherische Gassen Kabuls.
Nach geraumer Zeit tauchte eine Fassade mit der Aufschrift „Mustapha" auf, in Klammern sogar in lateinischen Buchstaben. Eine Gruppe Afghanen palaverte angeregt vor dem Eingang. Als die Männer uns da so durch den Regen radeln sahen, verzogen sich ihre ernsten Gesichter zu einem spöttischen Grinsen.
Im ersten Stock des Hotels herrschte ein babylonischer Sprachwirrwarr. Beißender Tabakrauch ließ die Augen tränen. Reporter aller Herren Länder diskutierten mit Einheimischen, wie auf einer überfüllten Cocktailparty. Ich sah zu, dass mir Wazik nicht von der Seite wich. Nie und nimmer hätte ich meine Un-

terkunft allein wiedergefunden. Wir ergatterten uns zwei Plätze, bestellten Saft und khabeli, das ist Reis mit Fleisch, Möhren und Rosinen.

Plötzlich bahnte sich Kriegsberichterstatter Peter Arnett, der einst bei CNN Furore machte, den Weg durch die Menge. Er begrüßte mich wie einen alten Kollegen aus der Zeit des Golfkriegs. Man kennt sich an den hot spots des Globus. Der alte Jagdhund nahm überall Witterung auf:

„Und, was machst du so hier?"

„Hab gerade 'ne Wette gewonnen. Suche meinen Sohn, der Soldat ist."

„Oh", meinte er, „nicht gerade ein scoop, aber 'ne Story wert." Schon zückte er sein Notizbuch. „Vater sucht Sohn, einen deutschen Soldaten in Afghanistan."

„Seit wann begibst du dich in die Niederungen von Blattmachern? – Bist du nicht bei CNN?"

„War ich Kumpel, war ich. Bin bei NBC. – Soll aber nicht heißen, dass ich auch die ein oder andere Story schreibe."

„He, Jim – Arbeit!" rief er in Richtung Tür, „bring mal dein Rohr in Stellung."

Kaum ausgesprochen, hatte Jim seine monströse Kamera drei mal aufblitzen lassen. Wazik schreckte hoch und fragte kleinlaut, ob ich irgend ein Offizieller sei. „Gott bewahre!" konnte ich ihn beruhigen.

Kurz vor der Sperrstunde hatte uns sein Gästehaus wieder.

Um Mitternacht wurde es jäh unruhig. Ziemlich rücksichtslos drang eine Gruppe langbärtiger Gestalten ins Wohnzimmer. Mein erster Gedanke: Überfall, versprengte Taliban. Mein zweiter: Mudschaheddin,

Frontsoldaten, nach hartem Einsatz. Sie nahmen Aufstellung, breiteten einen handtuchgroßen Teppich aus und fielen auf die Knie, murmelten Suren, bei rhythmischem Verneigen. Dabei entstanden raschelnde Geräusche, als tollten Mäuse im Laub.

Interessiert beobachtete ich die Silhouette der inbrünstig Betenden. Nach zehn Minuten erhoben sich die Gläubigen, bauten sich ein provisorisches Nachtlager und verfielen augenblicks in einen totenähnlichen Schlaf, von einem Schnarchen begleitet, so laut, dass unser Wächter vor der Tür draußen getrost mehrere Gewehrsalven in die Nacht feuern könnte, ohne gehört zu werden.

Um vier Uhr in der Frühe rief der Muezzin zum Gebet. Die blecherne Lautsprecherstimme, die da über die Dächer der Stadt krächzte, ließ nicht nur die Gläubigen hochfahren.

Im Nu wurde es im Wohnzimmer lebendig und ich staunte, wie viel Krieger hier ihr Nachtlager gefunden hatten. In der Tat, ein kleines Heer arbeitsloser Glaubenskämpfer!

Pierre von AFP (Agence France-Presse) quetschte sich in eine Ecke. Mit dem Satellitenhandy am Ohr, dem Laptop auf den Knien, übermittelte er das Neueste aus Kabul. Zum Glück bin ich kein Korrespondent, ich wüsste gar nicht, was es heute Morgen schon zu berichten gäbe. Sicher, in der Nacht sollten irgendwo zwei Sprengsätze detoniert sein. Außerdem warfen B 52-Bomber stetig ihre Last über Kandahars Außenbezirke ab ... war das nicht seit Wochen trauriger Kriegsalltag?

Das erste Kontingent deutscher ISAF-Soldaten wurde erwartet. In den nächsten Tagen sollte US-

Aussenminister Collin Powell in Kabul eintreffen. Osama bin Laden und Mullah Mohammad Omar blieben wie vom Erdboden verschluckt, trotz des Kopfgeldes von 25 Millionen Dollar. Geldgier konnte man demnach den Taliban schwerlich nachsagen. Aber vielleicht waren die beiden Häupter der „Schüler des Islam“ ja längst nicht mehr am Leben?

Der Regen hatte aufgehört, zaghaft drangen Sonnenstrahlen durch einen Brei aus Gestank, Abgasen, Lärm. Uraltautos furzten schwarze, satte Wolken hemmungslos in die Luft. Man mochte das Atmen aufgeben. Hals und Nase kratzten, als zöge eine Feile über die Schleimhäute.

Ein Erkundungsgang musste jetzt aber sein! Abermals beneidete ich die geheimnisvoll verschleierten Frauen, deren Burkas der Wind, was sage ich, die Abgasbrise blähte, wie ein türkisfarbener Spinnaker. Ich wollte es nicht wahrhaben, aber die Burka verlieh den Damen darunter eine mysthisch-ahnungsvolle Würde.

Leichten Fußes trippelten gerade Stöckelschuhe über rudimentäre Bürgersteige, die aus einer Anhäufung von Schlamm, Betonbrocken und Abfall bestanden. Geradezu erstaunlich, dass die Füße nicht stolperten, die „Mumien“ nicht strauchelten! Seit ich gehört hatte, dass Mullahs Mädchen auf dem Kieker hatten, die heimlich ihren Geliebten an Straßenecken trafen, dann, wenn sie verfolgt wurden, den Freund unter die Burka nahmen um mit ihm im Gleichschritt durch die Stadt zu marschieren, seit ich davon wusste, fiel mein Blick auf die Schuhe. Doch die waren selten zu sehen, da die Gewänder meist auf dem Boden schleiften.

Es hatte etwas ungemein rätselhaftes, den Neutren zu begegnen, sich zu fragen, welche Art von weiblichen Wesen wohl unter dieser oder jener Hülle verborgen sein mochte. Selten sind Frauen mir gegenwärtiger gewesen, nie wurde ich durch ihre Nähe so fasziniert.

Wohin ich auch schaute, überall waren diese geheimnisvollen Wesen präsent. Auf der Jadayi Maywand beobachtete ich zwei junge Gestalten, die sich mit besonderer Grazie bewegten. Woher ich wusste, dass sie jung waren? Ich kann es nicht sagen. Auch nicht woher ich wusste, dass sie schön und lebenslustig waren. Ob es der Gang versprach? Ich wusste es eben!

In Afghanistan schien man vorerst bei der strengen Vorschrift zu bleiben, die das mohammedanische Mädchen vom 14. Lebensjahr an für immer zu dieser Absonderung in der Öffentlichkeit verurteilte.

Europäer, die zu Fuß unterwegs sind fallen auf. So war es nicht erstaunlich, dass ich alsbald Fremdenführer, Übersetzer, Chauffeure, Geschichtenerzähler im Schlepptau hatte. Helfer aller Dienstbarkeiten klebten wie Pech an mir.

Kriegsversehrte Kinder auf selbstgebastelten Holzkrücken riefen: „Bakschisch, Mister, Bakschisch!“ Streckten eine Hand aus oder einen Stummel, wo eine Hand war. Das Herz verkrampfte sich. Das Kleingeld reichte nicht.

Verhärmte Männer mit bartumränderten Gesichtern schlangen braune, grobe Decken um sich oder zogen Tücher in ihre Gesichter. Blicke voller Skepsis, Sorge, Grimm trafen auf alles Fremde.

Ich brauchte Kugelschreiber, also strebte ich dem

Char Charta, dem Hauptbasar zu, vorbei an schwer bewaffneten Männern in Fantasieuniformen. Ich glaube, es gab keine Hauptstadt, in der sich so viel armierte Bürger tummelten, die irgendwie auf ihren Einsatz lauerten. Das ergab eine eigentümliche Stimmung von Aufbruch und Untergang, Chaos und Ordnung, die wir ferangi, Fremde, nie begreifen werden. In einem Land, in einer Stadt voller fantastischer Widersprüche.

Kabul, Eingeweihte sagen Cobble, liegt an der Kreuzung 3000 Jahre alter Karawanenwege, ist im Westen von der Kette des Koh-i-Baba und im Norden vom Hindukusch umsäumt. Im Winter liegt die Stadt mit ihren 1,7 Millionen Menschen gefangen in einem Hochbecken, dessen Wände aus Eis und Granit bestehen. Jetzt war Winter! Unter den Taliban herrschte gar Eiszeit! Bilder aus dem Film „Osama“ glommen auf: Mutter und Tochter stehen ohne Mann und Vater da. Der ist im Krieg gefallen. So verkleidet sich das Mädchen Marina als Junge, wird zu Osama und versucht das Leben ihrer Familie zu sichern. Die Welt der Männer, in der sich die 12-jährige fortan als Junge bewegt, ist ihr fremd und unheimlich. Rituelle Waschungen der Männer, das Verhalten in der Koranschule, alles im Männeralltag wird zur Bewährungsprobe. Ständig droht sie sich zu verraten. Niemanden darf das Kind um Rat fragen, umgeben von Jungs oder Männern – und damit von potenziellen Feinden.

Ein alter Mann erzählte Marina das Märchen vom Regenbogen, in dem es heißt, dass alle Mädchen, die ihn durchlaufen zu Jungen werden. Und das ist ja erzwungenermaßen der größte Wunsch der Mädchen

in der frauenfeindlichen Gesellschaft.
Auch die Verbote, die unter den Taliban für Frauen galten, sind gegenwärtig:
„Frauen müssen eine Burka tragen, die sie vollständig verhüllt. Auch Hände und Füße dürfen nicht zu sehen sein. Weiße Socken sind verboten, denn weiß ist die Farbe der Taliban-Flagge. Wer gegen diese Regeln verstößt, wird öffentlich ausgepeitscht. Frauen dürfen ihre Wohnung nur in Begleitung eines engen männlichen Verwandten (Vater, Bruder, Ehemann) verlassen.
Frauen dürfen keinerlei Kosmetika benutzen. Wer mit lackierten Fingernägeln gestellt wird, dem werden die Finger abgeschnitten. Angehörige des weiblichen Geschlechts dürfen keine Schulen, Universitäten oder sonstige Bildungseinrichtungen besuchen..."
Nancy Dupree bereiste von 1963 bis 1974 Afghanistan und schrieb: "Kabul, seit 1776 die Hauptstadt des Landes, ist eine rasch-wachsende Metropole mit aufragenden modernen Gebäuden, belebten Straßen, deren bunt-beturnbarte Männer, im Minirock gekleidete Schulmädchen und verschleierte Frauen ein farbenfrohes Bild prägen."
Gesellschaftlicher Wandel vollzieht sich in Amplituden!
Jetzt war Kabul am schönsten, da Schnee lag, die Haufen verrottenden Mülls und die Trümmer der Häuser von einer weißen, dichten Schicht überzogen waren, damit die Hässlichkeit und das Elend der Stadt versteckt blieben.
Auf der Asamayi Wat begegneten mir Reporter, Eile in den Bewegungen, Fragen im Blick, immer auf der Jagd nach dem Knüller. Wo bot sich die nächste Sen-

sation?
Das Gedränge verdichtete sich in der Shari Kuhna. Männer mit Bauchläden trieben Handel mit allerlei Krimskrams. Der Basar war nicht mehr fern.
Ich staunte über das Angebot frischer Waren. Überall herrschte wieder orientalische Händlerfreude...
„Mit den Kulis sollten Sie schreiben", sagte eine Stimme, „es werden gern solche mit leeren Minen verkauft."
Ich schaute auf und in ein freundliches, dunkles, aber glattrasiertes Gesicht, mit dem Profil eines Scherenschnitts. Über der Augenbraue befand sich eine Narbe. Verblüfft über den akzentfreien deutschen Satz fragte ich, was fünf Kugelschreiber wohl kosten dürften. Er nannte den Preis. Der Händler akzeptierte und so kam es, dass ich mich mit dem Fremden, der der deutschen Sprache so erstaunlich mächtig war, zum Mittagessen ins „Kalpha" zu einem Gedankenaustausch verabredete.

„Anfangs gab es nur das Gefühl einer großen Unruhe. Dann glommen ferne Erinnerungen. Unauslöschliche Bilder staubiger Straßen waren da, die sich in der Unendlichkeit blauer Berge verloren. Wie einst spürte ich den Staub, der alles umhüllte, sich überall niederließ: auf Kleidung, Haut. Atemwege wie Sandpapier rieb... Wenn ich aufwachte, lag ich lauschend da, voller Heimweh danach und nach den Bildern von Ziegenherden, ständig in Unrast, von Hirten durchs trockene Flussbett getrieben und durch dürres, weites Land.
Ich sah die Farben der Heimat: Schwarz das Gestein, gelb der Sand, braun dorniges Gesträuch. Cobble,

vom Gebirge in der Sonne rot umsäumt, wie ein glühender Ring, der sich um die Stadt schnürt. Bilder und Träume, die meine Tage und meine Nächte begleiteten und nicht mehr losließen. Meine Unruhe wuchs zum Wunsch, der Wunsch zum Verlangen..."
Yakob Harum unterbrach sich und dachte nach.
„Die Kraft des Heimwehs", sagte ich leise.
„Vielleicht hätte ich sie besser nicht wiedersehen sollen – die Heimat. Vieles wäre einfacher für mich, anonymer: Die Schreie, die Flammen, Blut, Tod. – Als die Hoffnung starb weinte ich", gestand er.
„Die Hoffnung?" fragte ich vorsichtig.
„Schah Massud war die Hoffnung vieler Afghanen – auch meine!"
Kabul erlitt die schlimmsten Schäden um 1990, in den Jahren nach dem Abzug der Sowjets. Massud gelang es nicht, die Machtkämpfe zwischen den Mudschaheddin unter Kontrolle zu bringen. „Der Löwe des Pandschir" unterlag, setzte sich in die Berge ab, wurde Führer der Nordallianz und erbitterter Gegner der Taliban.
Im September letzten Jahres wurde Massud von Selbstmordattentätern umgebracht. Seither ist entsetzliches passiert – nicht nur in Afghanistan! Ein neuer Feind bedroht die Weltgemeinschaft: Terror, der eigenes Leben zum Werkzeug macht. Er hinterläßt eine blutige Schneise und große Ratlosigkeit. Ist es der Beginn eines langen Krieges, der die Grenzen zwischen Freund und Feind, Gut und Böse verwischt? Kulturen aufeinander hetzt? Die Welt sucht einen Ausweg aus dem Dilemma. Sind wir nicht alle auf der Suche? Suche birgt Hoffnung. Yakob Harum suchte seine verlorene Heimat. Heimat ist immer

etwas verlorenes, eine Sehnsucht, die sich nie erfüllen lässt! Ich suchte meinen Sohn, dem gesagt wurde, dass seine Heimat auch am Hindukusch zu verteidigen sei. Und ich suchte meinen Traum von einem Land, das Afghanistan heißt.

Ratlos schauten wir durch die schmutzigen Fenster des Gasthauses „Kalpha“. An der Wand des zerschossenen Gebäudes gegenüber hing hoch und überlebensgroß das lachende Konterfei Massuds – immer noch. Als vermögen nur die Toten das Land zu einen. Und darunter trippelten wieder und immer noch Frauen und Mädchen in ihren Burkas.

Das türkisfarbene Schleiergewand ist älter als die Herrschaft der Taliban währte: es hat 300 Jahre Tradition!

Schon König Amanullah, dann König Mohammed Zahir Schah wollten es abschaffen, manch verkrustete Strukturen aufbrechen, das Land dem Westen öffnen, das kostete sie die Herrschaft, dem Land den Frieden. Afghanistan ist seit dem Sturz Zahir Schahs, vor 29 Jahren, nicht mehr zur Ruhe gekommen.

„Ja, ich weinte tatsächlich“, unterbrach Yakob Harum die Stille und fuhr fort: „Wir sind ein hartes Volk, nur eine eisenharte Hand kann Afghanen führen. Massud hätte die Härte aufgebracht, die wir bewundern. Zuerst kommt die Tradition, dann der Stamm, schließlich der Staat. Afghanen sind vor allem sich selber treu. Sie zeigen große Gastfreundschaft, doch Einmischung dulden sie nicht.“ Er sprach es mit gewichtiger Gestik.

„Sie haben sich entschlossen nach Hause zu kommen?“ fragte ich.

„Ich versuche es. Mit dem Heimweh, dem Verlangen

nach zu Hause, beschlich mich Ungewissheit und Angst vor dem Neuen. Ein langer einsamer Kampf entbrannte in mir. Meine geschundene Heimat war plötzlich nicht mehr Randerscheinung, von der Öffentlichkeit ignoriert und vergessen. Jäh wurde mein Land Mittelpunkt der Weltpolitik und ich wollte, ja, mußte dabei sein – helfen! Afghanistan ist wie ein zerbrochener, einst herrlicher Spiegel. In Scherben geschlagen worden von Invasionstruppen, von lokalen Kriegsfürsten, von verführerischen Islamisten. Ich möchte einen Splitter aufnehmen, mit vielen anderen Helfern Splitter zusammenfügen, um jenen faszinierenden Spiegel zu kitten."

Ich war beeindruckt von dem Bild, das Harum zeichnete.

„Was hab' ich getan, dass ich am Leben blieb? Bin ich feige davongelaufen, geflüchtet, während hier die Erde zu Asche, die Menschenwürde zertreten wurde? Sind am Ende die Toten glücklicher als die Überlebenden? Weil die Überlebenden wahnsinnig werden von dem Gefühl der Rache. Blut muss mit Blut gesühnt werden. Ein Gesetz, das Afghanistans Unglück diktiert. Männer tragen Blut an den Händen oder an der Kehle. Rache hat meine Landsleute verdorben. Rache, die nicht zu Kummer schmilzt und als Tränen aus den Augen der Frauen rinnt, ist gefährlich und verwandelt die Seele in eine Bombe. Eine Zeitbombe, die eines Tages explodiert, dich und andere wieder und wieder bersten lässt. Von dem ewigen Kreislauf dieser Tragödie kann sich nur befreien, der zu trauern beginnt."

„In der Akzeptanz des Leidens liegt die Kraft auf Racheverzicht", folgte ich seinen Gedanken.

„So ist es. Und ich bin hier um zu trauern für ein neues Afghanistan. Verstehen Sie das?“

„Ich verstehe, sehr gut sogar! Mit der Trauer wird das Tor verschlossen, das zu Hass und Rache führt. Setzt das nicht eine neue Deutung des Islam voraus?“ bemerkte ich.

„Ja! Statt des erobernden Islam mit seinem Märtyrerkult wünsche ich mir die Besinnung auf die Tradition des Sufismus, jener duldsamen Frömmigkeit, die den Glauben zu einer persönlichen Angelegenheit des Menschen auf der Suche nach Gott werden lässt. Im Zentrum des Glaubens soll die Liebe zu Gott stehen, nicht die Angst vor ihm und seinem Zorn.“

„Das gilt auch für das Christentum!“ sagte ich.

Yakob Harum: „Der lange Krieg hat Geist, Moral und Identität der Menschen zerstört. In dem verbrannten Land lebt eine ausgebrannte Generation. Die vom Feuer verschonten Afghanen müssen zurückkommen! Es ist eine ungeheure Chance, sich vom Stigma der Flucht zu befreien. Die Rückkehr ist für mich jetzt hier und meine Familie in Deutschland dazu ein großes Abenteuer.“

„Ein Abenteuer mit unübersehbaren Folgen“, gab ich zu bedenken.

„Schon richtig, schließlich setze ich meine gesicherte Existenz auf `s Spiel. Aber ich bin erleichtert und stolz auf meinen Entschluss. Er hat mir die innere Ruhe zurückgegeben!“

„Wie denkt Ihre Familie darüber?“ wollte ich wissen.

Yakob Harum macht eine Pause. Seine rechte Hand glitt in die Schüssel. Wir fischten Pilav aus dem gemeinsamen Topf. Beim Essen mit den Fingern bin ich unbeholfen.

Nachdenkliches Schweigen hing zwischen uns.
Der Afghane schaute mir beim Essen zu, dann grinste er plötzlich. „Stellen Sie sich vor, es ist keine vier Wochen her, da wurde Dieben die rechte Hand abgeschlagen. Mit einem solchen Brandmal sind sie verhungert. Nur die rechte Hand darf in die gemeinsame Schüssel greifen. Für gewisse Verrichtungen kannte man kein Papier, sondern benutzte die linke Hand. Ein unumstößliches Gesetz. Dadurch ist jeder, dem die Rechte fehlt für immer vom Gemeinschaftsmahl verbannt."
„Vergessen Sie die öffentliche Steinigung untreuer Frauen nicht."
Neben Yakobs Erklärungen zur Rückkehr in sein Land interessierte mich die Zeit davor. Und so erfuhr ich, das Yakob Harum 1980 Afghanistan verlassen hatte. Während des Guerillakriegs. Granaten und Bomben fielen aus zornigem Himmel und über das Land legte sich ein Minenteppich.
Neunzehn Jahre war er damals alt. Präsident Hafisollah Amin erlag einem Attentat. Gerade hatten die Sowjets Babrak Karmal an die Macht gebracht. Der Widerstand der Mudschaheddin hatte zugenommen. Harum, aus einer ehemals königstreuen Paschtunenfamilie stammend, mußte sich entscheiden: Im Untergrund der „Glaubenskrieger" kämpfen oder auf der Seite der Sowjets das Land unter den kommunistischen Stiefel zwingen. Der Vater, einst wohlhabender Händler in Kandahar, hatte sich gegen die fremde Macht entschieden und kämpfte, bis ihn eine Kugel dahinraffte.
Mit dem Abitur der französischen Schule von Kabul in der Tasche, wählte Sohn Yakob den dritten, nicht

minder schmerzlichen Weg: er ging ins Ausland.
Harums kleine Odyssee führte ihn über Pakistan nach Frankreich, schließlich bis Karlsruhe, wo er Bauingenieurwesen studierte und mit dem Diplom abschloß.
Nun folgte der geordnete Weg als Angestellter, dann als Familienvater von zwei Kindern. Zuvor hatte der Moslem Jutta Schröder, eine Christin katholischer Konfession, geheiratet. Es wurde eine harmonische Ehe geführt, die den Glauben des Partners respektierte.
Als Yakob sich vor fünf Jahren mit einem Ingenieurbüro selbstständig machte – und erfolgreich wurde, schien das Glück der Harum-Schröders perfekt ... bedrängten ihn nicht die Bilder und Träume seiner Heimat.
Yacob erinnerte sich an die nächtelangen, zermürbenden Diskussionen mit seiner Frau:
„Mein Land liegt in Schutt und Asche und darbt. Es braucht Ingenieure. Ich muss helfen!"
Jutta: „Warum tust du uns das an?"
„Ich muss!"
Die Kinder weinten.
„In Afghanistan herrscht Krieg. Warum verlässt du, was du dir aufgebaut hast, deine Kinder, deine Frau, dein Zuhause, deine Arbeit?"
„Verzeih mir, ich muss. – Ich werde wiederkommen."
Jutta: „Ich fühle, dass etwas Schlimmes passieren wird. Was wird dann aus uns. Bedeuten wir dir nichts?"
Der Familienvater wusste, dass er zu gehen hatte, aber wie konnte er es seiner Frau begreiflich ma-

chen? Das Gefühl war so groß, die Worte so schwach.

Yakob Harum erreichte Kabul über Usbekistan. Eine klapprige Maschine aus russischem Bestand hatte ihn vor drei Tagen auf dem Stützpunkt Bagram abgesetzt...

Und die Fügung hatte uns heute auf dem Basar Kabuls zusammengebracht. Diesmal hatte ich in kein finsteres, verhärmtes Gesicht geschaut. Nein, es war das Gesicht eines freundlichen Orientalen aus Deutschland, dessen Augen strahlten, vor Tatendrang leuchteten. Irgendwie beeindruckend. Auf einmal waren wir neugierig geworden, voneinander zu erfahren, was uns hierher, in dieses Land, zu dieser Zeit, geführt haben mochte. Zwei Suchende aus geordneten Verhältnissen? So kam es, dass wir gemeinsam im Kalpha Pilav aßen.

Und was suchte ich in dem Land? Die Lösung der drückenden Probleme? Lohnt der Einsatz fremder Soldaten im fremden Land? Kann die ISAF, vermag eine noch so lautere Friedenstruppe, halten, was man sich von ihr verspricht?

Ich wollte es wissen, schließlich birgt der Einsatz Risiken. Die Schutztruppe war zu Opfern bereit. Lohnte es sich, in Afghanistan für ein fernes, zerrissenes Land zu sterben? Allein der Gedanke daran war schmerzhaft. Mein Sohn ist Soldat. Er kommt in dieses Land. Oder war er schon da? Ich suchte ihn - und die „Karawanen der Nacht", das Afghanistan, wie es einst gewesen sein mag in der „goldenen Zeit", vierzig Jahre lang, unter König Mohammed Zahir Schah bis 1973.

„Uneinigkeit und Rivalitäten sind zusätzliche

Hemmnisse“, meinte Yakob Harum, „wenn sich drei einigen, dann sind zwei davon keine Afghanen. Hinter jedem Berg sitzt ein König.“

„Den Deutschen gar nicht so unähnlich“, sagte ich.

„Im Ministerium für Wiederaufbau arbeitet ein Tadschike. Kaum hatte der Staatsdiener mich als Paschtune identifiziert, zeigte er mir die kalte Schulter. Lieber würde er sich von einem unfähigen Landsmann helfen lassen, als von einem qualifizierten Paschtunen!“

„Weiß Gott, ein Trauerspiel!“ pflichtete ich bei.

„Ich werde nach Kandahar gehen. Dort bin ich geboren. In der Hoffnung, dass meine Hilfe angenommen wird!“

Ich schüttelte den Kopf. Dachte an den Appell Interimspräsidenten Hamid Karsai: Die Eliten außerhalb des Landes mögen zurückkehren, um sich, wenigstens temporär, am Aufbau Afghanistans zu beteiligen. Allein in Hamburg leben 18 000, in Deutschland 70 000 Vertriebene.

Wir Deutsche haben allen Grund, Aufbau und Einigungsprozess mit Rat und Tat zu begleiten. Vor gar nicht so langer Zeit war auch unser Land ein Konglomerat konkurrierender Fürstenhäuser. Unendlich schmerzlich-langsam wuchsen wir zusammen und langsamer und schmerzhafter mußten uns die Siegermächte zur Demokratie bekehren. Welch eine, so gern verdrängte, Parallele!

„Viel Glück bei Ihrer Suche“, sagte Harum und riss mich aus meinen Gedanken, „im Namen meines Landes, wir haben Ihnen dankbar zu sein, wenn Sie verstehen was ich meine?“

Ich verstand sehr wohl und dachte an die Soldaten,

die auf dem Weg in dieses Land waren. Junge Söhne im Einsatz mit fraglichem Ausgang.
„Kandahar ruft!“ sagte er und erhob sich, „sehen wir uns wieder?“
„Sicher, gewiss!“
Voller Tatendrang und Optimismus stand er da und schritt zum Ausgang. Ein Streiter für eine gute Sache, beseelt vom Glauben an seine Möglichkeiten helfen zu können. Ein Mann, der durch Zuversicht beeindruckte.
Ja, wir sollten uns tatsächlich wiedersehen. Im Süden. Doch die Umstände waren von großer Traurigkeit.

Das „Interconti“ lag auf einem Hügel nordwestlich der Innenstadt. Diplomaten, Medienvertreter, auch die Regierung hatten dort ihre provisorische Unterkunft gefunden. Im großen Saal wurde allabendlich ein Journalistenbriefing organisiert. Eine Informationsbörse, die vom medialen Wanderzirkus heimgesucht wurde. Als Neuling konnte ich mir das Ereignis nicht entgehen lassen.
Wer auf sich hielt, ließ sich mit dem Taxi vorfahren. Ich wollte erleben, wie Kabul den Kopf aus Schutt und Asche steckte, vorsichtig in ungewohntes, helles Licht blinzelte, sich zaghaft seine neue Welt erbaute.
Auch wollte ich das Gespräch mit Yakob Harum überdenken.
Also ging ich die vier Kilometer zu Fuß und spürte Aufbruchstimmung. Alte Zöpfe, die hier zu Lande Bärte waren und den Männern wie Fußmatten im Gesicht hingen, wurden von einem Barbier beherzt gestutzt oder radikal abgeschnitten.
Fliegende Händler hatten Straßen und Bürgersteige

erobert. Das deutsche Gymnasium wird im März seine Pforten öffnen. Ja, die ehrwürdige Königliche Amani-Oberrealschule, Mitte der zwanziger Jahre gegründet, wurde sie rasch zum Symbol der Deutschfreundlichkeit der Afghanen. Dabei war die Schule nicht weitsichtiger deutscher Kulturdiplomatie zu verdanken, sondern allein der Initiative des Lehrers Dr. Walther Iven. Er nämlich schlug dem Reformkönig Amanullah 1922 ein solches Lehrinstitut vor, als er in Berlin-Charlottenburg junge wißbegierige Afghanen unterrichtete.

Einige Jahre später wurden deutsche Lehrer angeworben, die sich per Schiff von Genua nach Bombay, von da 50 Stunden mit der Bahn nach Peschawar, von wo es noch mal so lange mit dem Lastwagen bis Kabul ging. Im Auskunftsblatt des Auswärtigen Amtes für Lehrer, die in Afghanistan ihren Dienst versehen wollten, hieß es: „Theater, Konzert und Kino gibt es nicht. Radioempfang ist schwierig, es bleibt nur das Lesen, Besuche, Nachmittagsteas..." und die „Allgemeine Deutsche Lehrerzeitung" warnte mehrfach, sich durch einen Dr. W. Iven für die so genannte ‚Deutsche Schule' in Kabul anwerben zu lassen.

Walther Iven bereiste das Land selbst, sogar expeditionsmäßig und räumte ein: „Lebhafte Fehden zwischen einzelnen Ortschaften, auch zwischen Nomaden und Ackerbauern, sind häufig. Nachts ist ständiger Wachdienst, wie im Mittelalter in Deutschland, unabdingbar."

Die Schule öffnete am 15. April 1924 mit 120 Schülern. „Amani" wurde sie zu Ehren des königlichen Förderers genannt. Dr. Iven war ihr Direktor. Amanullah schickte seinen jüngsten Bruder, einige Prinzen und 14 Pagen dorthin. Die Unterrichtssprache war Deutsch, mit Ausnahme in den Fächern Geschichte, Religion und Persisch. Der Schultyp entsprach dem einer Gesamtschule. 1935 konnte der erste Abiturientenjahrgang die Amani-Schule verlassen. Doch dazwischen lag das Jahr 1929 mit politischen Wirren, in denen das Projekt „Deutsche Schule" am seidenen Faden hing:

Von den Briten bestochen, rebellierte ein Stamm. Kabul wurde erobert. Der König floh nach Kandahar und musste abdanken. Walther Iven schrieb in jenen Tagen sorgenvoll an seine Frau nach Berlin: „Die Schule hat den Rebellen (Tadschiken) als Kaserne und den Afghanen (Paschtunen) als Viehstall gedient. Schafe und Ziegen im 1. Stock, Kühe und Pferde unten, Kamele im Garten. Dann dieser Mist in allen Klassen!" Der Schulleiter musste mit ansehen, wie die Soldaten Tische, Bänke, Pulte, Stühle, auch Türen, Dielen und Treppengeländer verheizten. In allen Klassenzimmern wurden offene Feuer geschürt und die Fensterscheiben auf dem Basar verhökert. Eine Lehrmittelsammlung und 1000 Bände der Bücherei verschwanden spurlos. Die deutschen Lehrer Chinnow, Maier und Liebig ergriffen die Flucht. Walther Iven wurde für „seine" Schule Hausverbot erteilt. Der Fortbestand der Bildungsstätte war mehr als gefährdet.

Doch dann erhielt Iven Audienz beim neuen König Nadir Schah, der ihn zum Erstaunen als „alten Bekannten" begrüßte und sich anerkennend über die Leistungen der Schule ausließ. Am 9. November 1929 konnte der Unterricht wieder aufgenommen werden. Die politische Lage stabilisierte sich. Direktor Iven zählte 1933 rund 620 Schüler und 25 Lehrkräfte. Der Schul-Jahreshaushalt belief sich auf 100 000 Reichsmark.

Zu jener Zeit bildeten die Deutschen die stärkste europäische Kolonie in Kabul und arbeiteten als Lehrer, Ingenieure, Kaufleute oder Verwaltungsbedienstete.

Die abgeschiedene Welt unter dem Hindukusch schien geordnet... bis König Nadir Schah im November 1933 einem Revolverattentat zum Opfer fiel – ausgeführt worden während der Preisverleihung an die besten Schüler im Garten des Schlosses von einem Absolventen der Amani-Schule! Nachfolger wurde der achtzehn Jahre alte Sohn Nadir Schahs, Zahir, der bis 1973 regierte und jetzt als Exilkönig in Rom auf seine Rückkehr wartete. Mit den Worten: „Ich gehe auf eine große Reise", verabschiedete sich der Königsmörder bei seinem ahnungslosen Lehrer Elias Balke. Bei Sonnenuntergang wurde der Attentäter und Amani-Schüler vor den Toren Kabuls gevierteilt. Sein zerrissener Körper wilden Hunden und Wölfen überlassen.

Eine grausliche Attentatsserie folgte und dokumentierte, dass Schüler der Amani-Bildungsstätte Familien entstammten, die den gestürzten Amanullah als legitimen König und seinen Nachfolger Nadir für einen Usurpator hielten. Unverschuldet geriet die deutsche Schule zwischen die Mühlsteine rivalisierender Königshäuser mit der Auswirkung, dass der afghanische Stellvertreter Ivens erhängt, ebenso mehrere Oberstufenschüler als Verschwörer zum Tode verurteilt wurden. Die Amani- wurde daraufhin in Nedjat-Oberrealschule umbenannt. Walther Iven überstand die gefährliche Situation wie durch ein Wunder unbeschadet. Er kehrte 1935 nach Berlin zurück. Zu den Abiturienten gehörten seither viele spätere Spitzenbeamte, Wissenschaftler, Ingenieure, Minister und Ministerpräsidenten. Auch der von den Sowjets eingesetzte Statthalter Babrak Karmal hatte in den dreißiger Jahren die Amani-Oberrealschule abgeschlossen und war hernach als Lehrer dort tätig gewesen.

1941 zwangen britische Gesandte und der Sowjetbotschafter die afghanische Regierung, die deutsche Kolonie auszuweisen. Doch die diplomatischen Beziehungen zwischen Deutschland und Afghanistan bestanden bis Ende des Deutschen Reichs im Mai 1945. Der Betrieb der Nedjat-Oberrealschule wurde weitergeführt, bis der Bürgerkrieg den Unterricht unmöglich machte. Die „unfassbare" Deutschfreundlichkeit der Afghanen ist in erster Linie dem Wirken der Nedjat-/Amani-Schule zu verdanken. Und der gute Geist, ja auch die Existenz der Lehranstalt ist das Werk Walther Ivens. Er hat die Schule stets sicher durch raue See gesteuert. Ivens starb im April 1945 als Führer einer Volkssturmkompanie nördlich Berlins...

All das ging mir durch den Kopf, als ich an dem beschädigten, vom Beschuss entstellten Gebäude vorüberging. Noch wirkte die dreistöckige Fassade abweisend, bedrohlich, wie ein „Mahnmal für Kultur der Kulturlosen."

Der König wird wiederkommen. Nach 29 Jahren im römischen Exil wird der greise Zahir Schah Hoffnungsträger der Einheit. Schafft das nicht Vertrauen

in die Zukunft?
Kabul saß auf glühenden Kohlen. Ich spürte die Ungeduld. Rückkehr zur „afghanicité". Harum übernahm den Ausdruck aus der Zeit unter Pariser Intellektuellen. Es soll die Symbiose der persischen mit der indischen Zivilisation zum Ausdruck bringen, bestehend aus Gastlichkeit, Handelsgeist, Kreativität und gesellschaftlicher Beharrlichkeit. Attribute, die religiöse Fundamentalisten in einer Kultur der Angst erstickten. Angst als Nährboden der Gewalt. Angst, Rache, Hass als Lebensgefühl, das Menschen wie Yakob Harum neu definieren müssen. Nur Menschen wie er können ausscheren aus dem unsäglichen Kreislauf der Vergeltung. Aus denaturierten Waisenkindern, ohne elterliche Liebe, ohne Zärtlichkeit, ohne Bezugsperson, heimatlos aufgewachsen, vom Stiefel der kommunistischen Diktatur getreten und vertrieben worden, mussten da nicht Taliban heranwachsen? Taliban, pervertierte „Schüler des Islam" als personifizierte Frustration. Das Land brauchte jetzt nichts dringender als Menschen wie Harum, die die Kultur der Angst in eine Kultur der Liebe, Hoffnung und der Lebensfreude als Botschaft bis in die fernsten Bergdörfer trugen...
Wo einst das kulturelle Herz der Stadt schlug, waren Höhlenmenschen in Ruinen eingezogen. Großrädrige Karren wurden von Menschen, an mir vorbei, die Straße hinaufgezogen. Oben, vor den Toren des Präsidentenpalastes, auf einem der schönsten Plätze der Stadt, errichteten die Taliban ihren Galgenberg.
Wochenlang ließen sie zu Dutzenden Regimegegner hängen, deren Körper gen Himmel faulten – bis sich Geier erbarmten. „Die Jahre in den Kriegen haben

mich einsam gemacht", gestand der berühmte Kriegsfotograf James Nachtwey, von ihm stammten die brutalsten Szenen aus der Talibanherrschaft. Und: „Manchmal schien es mir, als hätte ein ganzes Land den Verstand verloren."

Staatschef Najibullah war einer der ersten, der, trotz UNO-Schutz, auf diesem Platz ermordet wurde... Unvorstellbar, mit welcher Grausamkeit die „Schüler des Islam" zu Werke gingen!

Gerade passierte ich ein Geschäft mit Radios und Fernsehgeräten. Musik drang aus der offenen Ladentür, wie eine neue Kunde. Das Abstinenz-Gefängnis war aufgestoßen worden.

Vor einer Ruine humpelte ein einbeiniger Junge, ein Mädchen im roten Gewand überholte ihn. Eine schöne unverschleierte Gestalt. Sie hob den Kopf und lächelte selbstbewusst. Buchstäblich aus den Trümmern steckte sie ihren Kopf ins Freie. Auch in Ruinen muss das Leben immer neu beginnen. Ich musste verharren, so stark war die Symbolkraft des Bildes!

Das Interconti war ein heruntergekommener Kasten. Einschüsse in den Hauswänden zeugten von den Kriegswirren. Etwa 100 Berichterstatter hatten sich im Saal neben dem Foyer eingefunden und harrten der Neuigkeiten. Seit die Nordallianz mit britischen und US-Einheiten Kabul eingenommen hatten, war die Presseinformation eine stehende Einrichtung. Ich entdeckte Peter Arnett, Pierre de Boi von NBC und Aman Khairi von Agence France-Presse und gesellte mich zu ihnen.

Der untersetzte, agile Kriegsreporter Arnett, dürfte mit mir einer der Ältesten der Runde sein. Das harte, mitunter gefährliche Leben an der Nachrichten- und Kampffront wird mehr und mehr den jungen, hungrigen Löwen überlassen. Männern, die mit wenig Schlaf auskommen und die Nächte im Schützengraben ohne Kreuzschmerzen überstehen. Arnett flüsterte, dass seine Tage in Kabul gezählt seien. Auf ihn wartet Kandahar oder die Auseinandersetzung zwischen Pakistan und Indien in Kaschmir.

„Immer noch nicht die Nase voll?" fragte ich.

„Ach, mir geht's wie einem Soldaten, der seine Flinte nicht aus der Hand legt, so zieh' ich mit Mikro und Kamera von einem hot spot zum nächsten. Ich muss Leichen sezieren und porträtieren. Vielleicht lassen sich so Kriege beenden."

Heute ist der Neuseeländer Peter Arnett mit 65 Jahren ein ausrangierter Kriegsreporter und dient dem Londoner Daily Mirror. NBC hatte ihn gefeuert, weil er im irakischen Fernsehen die USA kritisierte. „Im Laufe meiner Karriere wurde mir am meisten vorgeworfen, dass ich Ausländer bin und amerikanische Werte nicht gebührend vertreten könne", las ich in einem der letzten Berichte über ihn.

Eine Französin vom Internationalen Roten Kreuz informierte über die jüngste Aktion gegen die Widerstandsnester der Taliban in Kandahar, deren Gefangennahme und Überführung nach Guantánamo Bay auf Kuba durch die Amerikaner. Im Süden wurden immer noch Benzinbomben abgeworfen und Bombardements aus großer Höhe durchgeführt. Mullah Omar und bin Laden blieben unauffindbar. Ein Vorauskommando deutscher Soldaten war auf der Zwischenlandung in der Türkei im Schneesturm steckengeblieben. Vor drei Stunden sei es jedoch wohl-

behalten in Bagram gelandet, meldete ein britischer ISAF-Sprecher. Das interessierte mich!
Ob Gerd dabei war? Ich werde ihn suchen. Das war allerdings leichter gesagt als getan. Der Stützpunkt Bagram wurde ja vom Militär hermetisch abgeriegelt, was mir von Arnett und Kollegen nochmals bestätigt wurde. Ohne UN-Begleitung und ohne ausdrückliches O.K. des amerikanischen Oberkommandos schlüpfte keine Wüstenmaus unbemerkt an den Posten vorbei. Ich mußte in Ruhe nachdenken...
Das Licht ging aus. Obligater Stromausfall. Nichts Ungewöhnliches um diese Zeit. Der ISAF-Informant berichtete in die Dunkelheit.
Gab es keine Notbeleuchtung?
Journalisten, Diplomaten, Minister, UNO-Leute – das gesamte Gästespektrum, das das Interconti beherbergte, tastete sich die Gänge entlang, ihren Zimmern zu. Plötzlich ein scharfer Knall! Ein Schuss? Eine Explosion? Ich trat zur Seite. Da hatten sich Leute auf den Boden geworfen. Die ohnehin gespannte Atmosphäre schlug in Chaos um ... bis sich herausstellte, dass eine Porzellanlampe auf den Steinfußboden gefallen war. Allmählich wurden Kerzen angezündet, das Notstromaggregat nagelte.
General Fazei Kerim Amog, Bürgermeister von Kabul, kämpfte jetzt für den Wiederaufbau. Mit ruhiger Stimme berichtete er Trauriges zur Finanzsituation: „Die Kassen sind leer, Verwaltungsbeamte und andere Staatsdiener können seit Wochen nicht mehr bezahlt werden. 20 Millionen Dollar müssen sofort her, 18 Milliarden Dollar werden in den nächsten 10 Jahren in Afghanistan gebraucht... Deutschland hat für dieses Jahr eine Hilfe von 80 Millionen Euro zu-

gesagt."
Die Journalisten schrieben eifrig mit.
Ich ging auf die Terrasse und blickte über die dunkle Stadt. „Zur notwendigen Sicherheit brauchen wir dringend Straßenbeleuchtung!" hatte der Bürgermeister zum Abschluss gesagt. Die wenigen, flackernden Lichter in den Gassen rührten von offenen Feuern oder Feuertonnen her, die Obdachlose wärmten. Ob Kabul jemals zur Normalität zurückkehrte?
Weg mit den trüben Gedanken. Macher und Optimisten waren jetzt gefragt!
Ich beschloß, in den Süden zu fahren. Vielleicht treffe ich Yakob Harum in Kandahar? Später werde ich versuchen mit einer UN-Maschine auszufliegen. Bei der Gelegenheit könnte ich mit dem Konvoi auf den Flugplatz gelangen um auf diese Weise doch noch Gerd zu sehen. Im UNO-Büro erfuhr ich, dass ich mir im Außenministerium die Einreise bestätigen lassen müsse. Anderenfalls käme ich nicht aus dem Land heraus und es drohe Verhaftung. Mit einem Dolmetscher von der Straße nahm ich an, die Bestätigung in einer Stunde zu erhalten. Der Verwaltungsakt dauerte zwei Tage und beschäftigte sieben Behörden in ebenso vielen Gebäuden. Mein Übersetzer und ich waren zwei mal sechs Stunden im pausenlosen Einsatz, Angestellte, Beamte, Freunde, Verwandte aus endlosen Palavern zu reißen, damit Büroleiter alle möglichen Formblätter in Dari abzeichneten. Schließlich mussten wir weiterziehen!
Am Ende des ersten Tages hatte ich den Eindruck, jeder Bürovorsteher ließ sich seinen eigenen Formularwust ausfüllen. Unterdessen gingen meine Passbilder aus. In weiser Voraussicht steckte ich auf Reisen

immer mehrere Fotos ein. Noch nie war der Bedarf nach Passbildern so gross wie auf diesen Ämtern. Mir blieb nichts anderes übrig, als die Fotos von den ersten Formularen abzureißen und auf die neuen zu kleben. Mit einem Stapel Papier und meinem Pass betrat ich am Mittag des zweiten Tages die Amtsstube eines Herrn mit Stempelgewalt. Die letzte Instanz so zusagen. Die lag auf einem Sofa und diskutierte mit zwölf „Kriegern", die wohl gerade spannende Lageberichte abgaben. Ich packte ihm meinen Bürokratieaufwand auf einen Couchtisch und erwartete Aktion.

Der Mann mit der Stempelgewalt würdigte meine Fleißarbeit keines Blickes. Hektische Kopfbewegungen des Dolmetschers zeigten an, dass ich mich brav in eine Ecke stellen möge und einfach zu warten hätte. Nach einer Stunde des Wartens wurde es mir zu bunt. Ich eilte zum Tisch, nahm meinen Stapel auf und knallte ihn auf die Platte. Mein Übersetzer stürzte aus dem Zimmer. Der Amtsleiter schaute mich erschrocken an, als hätte ich ihn mit einer Waffe bedroht, palaverte aber munter weiter, schlürfte seinen Tee, rauchte die Selbstgedrehte.

Was nun? Ihn vor aller Augen zu bestechen, war keine gute Lösung. Ich sah mich auf seinem Schreibtisch um, wo ich Stempel und Stempelkissen entdeckte, klaubte die Utensilien zusammen und baute sie auf seinem Tischchen auf. Die Zimmerkumpane fingen plötzlich an, meine Aktivität zu registrieren und brüllten vor Lachen. Der Büroleiter glotzte, als wisse er nicht, ob er mich oder die Lacher hinauswerfen sollte. Eine Überlegung, die noch mal zehn Minuten dauerte. Endlich fiel die Entscheidung, die

Besucher wurden hinausgeschickt. Liegend schlug er zwei Stempel in meinen Pass. „Hundert Dollar!“ sagte er auf Englisch. Als er die Scheine in seine Jackentasche gesteckt hatte, natürlich ohne eine Quittung auszustellen, reichte er mir den Pass. Der Stoß der Formulararbeit von zwei Tagen flog hinters Sofa. Und da ich nun mal da war, fragte er mich zu Deutschland aus: Verdienstmöglichkeiten, Arbeitsbedingungen, Einreiseformalien, Chancen viel Geld zu verdienen... So plauderten wir eine ganze Weile höchst angeregt, bis er schließlich meinte: „Gute Freunde könnten sofort zu ihm kommen. Ich könnte mich als guter Freund bezeichnen – fürs nächste Mal.“
Und ich stellte mir vor, dass da bald ein anderer Kassierer auf der Couch liegen könnte.

„Wasser, das steht wird trüb,
brackig und übel riechend, aber
solches, das in Bewegung ist und
fließt, ist frisch und klar,
genau so verhält es sich mit dem
Mann, der reist.“

Die Oase Kandahar

Die Fahrt nach Kandahar verlief ohne größere Zwischenfälle, sah ich einmal von dem Umstand ab, dass mich mein Taxifahrer Abdulla unweit Shabu Kalay kurzerhand in die Wüste schickte. Schien hier zu Lande ein Volkssport zu sein, das In-die-Wüste-schicken. Aber ich durfte mich nicht beschweren, schließlich hatte mir Wazik Akbar, der Hauswirt, die Reise in den Süden in schillernden Farben geschildert, besser gesagt, ausreden wollen.

Abdulla wurde mir über mehrere Ecken empfohlen. Vielleicht ein paar Ecken zu viel? Er sprach Dari und Englisch. Mir schwebte vor, ihn eine Woche als Fahrer und Dolmetscher zu beschäftigen. Vor unserem Aufbruch meinte er: „Kandahar ist gefährlicher als Kabul, aber ich kenne mich aus – keine Sorge!“ Der Preis wurde ausgehandelt, ab ging die Reise.

Kandahar! Schon der Name dieses Wüstenorts beflügelte meine Abenteuerlust. Kandahar ist für Zentralasien, was Timbuktu für Afrika bedeutet: eine geheimnisumwitterte Stadt, die die Fantasie anregt, blutrünstiges Mittelalter beschwört oder Schatzkarawanen erscheinen und davonziehen lässt...

Stunde um Stunde Sand, Sand und Fels, die Land-

schaft war in ein braun gebranntes Totenhemd gehüllt. Vor Durst und Traurigkeit könnte man sterben in dieser Region der Erde!
Am Wegrand immer wieder die ausgedienten Requisiten des Krieges. Kinder tollten auf einem Panzer oder spielten mit Kartuschen. Frauen kauerten vor zerfallenen Lehmbauten, bewegungslos wie Pflanzen. Männer stierten die Straße entlang, dumpf, anklagend, die Kalaschnikow krampfhaft umfaßt. Als habe die verdammte Waffe nicht schon genug Unheil angerichtet! Es war, als brüllten die Menschen lautlos in die Wüste: Durst, Hunger – oh Elend!
Nach zwei Stunden wurde mir die Gefahr bewusst, in der wir diese Mondlandschaft durchmaßen: Ein klappriger Toyota. Zu zweit gerade mal eine Flasche Trinkwasser. Wehe, wenn wir liegenblieben...
Wieder Kinder mit Kriegsgerät. Ein Steppke schulterte eine Panzerfaust. Ein anderer hinkte. Ihm fehlte der Fuß. Mein Gott, die Minen!
„Wurde das Gelände geräumt?“ fragte ich.
Abdulla zuckte mit den Schultern.
Bei Dunkelheit erreichten wir Ghazin. Geschlafen wurde in einer verlausten Karawanserei.
Tags darauf, am Spätnachmittag: Gerade verschwanden die letzten Lehmhäuser von Shahi Kalay, mit ihnen die Sonne als fahle Scheibe hinter öden Bergen. Abdulla stoppte. „Aussteigen – Sperrstunde!“ kommandierte er. Ich glaubte nicht richtig zu hören. Ein unverschämter Scherz! Mitnichten. Er meinte es ernst. Außerdem war er bewaffnet.
Abdulla verlangte das gesamte Fahrgeld und ließ mich in der Einöde zurück. Eigentlich merkwürdig. Warum nahm er mir nicht alles ab? Geld, Gepäck?

Vielleicht beabsichtigte er, mit Verstärkung wiederzukommen, um sich die Beute zu teilen?
Ich schlug mich in die nahen Berge. Dort konnte ich in einer Höhle meinen Schlafsack ausrollen und abwarten.
Gegen ein Uhr rollte ein Fahrzeug heran. Standlicht verriet es und hielt. Türenschlagen, drei Taschenlampen blitzten auf. Das waren Typen, die nichts Gutes beabsichtigten. Ich nahm Stimmen wahr. Die Lichter näherten sich. Wollten die meine Spur aufzunehmen? Das würde ihnen schwer fallen. Auf den letzten 300 Metern war ich bewusst über Fels gegangen. Aber wie hartnäckig würden sie suchen? Wie ein verfolgter Fuchs verkroch ich mich in meinem Bau.
Nach geraumer Zeit entfernten sich die Lichter. Wach, aber hundemüde, lag ich da und zerbrach mir den Kopf über Abdullas Handlungsweise. Ob ich jeh erfahren werde, was er tatsächlich im Schilde führte?...
Lautes Knattern von Hubschraubern weckte. Eine Staffel überflog mich in Richtung Westen. Am Himmel bildete sich ein Kondensstreifen. B52-Bomber? Benzinbomben?
Ich kam mir vor wie ein Späher in einem vorgezogenen Unterstand, der die Feindlinie beobachtete. Unten auf der A1, das war die Überlandstrasse Kabul – Kandahar, zogen gerade zwei Lkws ihre Bahn. Ich beschloß, an die Straße zu gehen, um per Anhalter weiterzufahren.
Der Fahrer des Peugeots war ein schweigsamer Mann in Weste und Sackhosen. Irgendwie kam er mir biblisch ernst und unendlich leidend vor. Ein Mann, der all den Schmerz Afghanistans auf seinen

Schultern trug. Er steuerte zwar einen Kleintransporter, doch sehr viel besser konnte ich ihn mir auf einem schaukelnden Kamelrücken vorstellen.
Als die Minaretts von Kandahar in Sicht kamen, hörte ich seine Stimme rufen: „Die Stadt, das ist die Stadt!"
Im Zentrum ließ er mich aussteigen. Zur großen Überraschung wollte er für den Fahrdienst kein Geld annehmen.
Der Ort wirkte wie eine schmutzige Oase, von Trampelpfaden und Kamelspuren durchzogen, auf denen sich jetzt Fahrzeuge aller Art in Staub hüllten. Die teils verfallenen, teils zerschossenen Bauten aus Stampferde sahen aus, als stammten sie noch aus der Zeit von Darius dem Perserkönig. Wir schoben uns durch den Verkehr in Richtung Innenstadt, vorbei an Gehöften, die, von hohen Mauern umfriedet, an Burgen erinnerten. Die Altstadt, in Clanviertel aufgeteilt, für die jeweils ein Clanchef verantwortlich war, präsentierte sich wie ein alles umfassender Serail. Allerdings unglaublich heruntergekommen, als herrschte dort ein von Pest und Wahnsinn befallener Sultan. Ausgemergelte Männer schlappten trotz der Kälte barfüßig, in Sandalen aus alten Autoreifen, durch die Gassen. Hier also befand sich das Zentrum des staatstragenden Volks der Paschtunen. Als arrogante Händler, Spekulanten, Viehzüchter und Nomaden nicht sonderlich beliebt im Vielvölkerstaat Afghanistan. Ich ließ mich im Händlerviertel absetzen und strich scheu an den Hauswänden entlang, auf der Suche nach einer Unterkunft.
Masrullah, der den Beruf des Falkners mit dem des Kaufmanns verband, war eine ungemein distinguierte

Erscheinung. Er ging nicht, er schritt. Seine Gebärden waren würdevoll, was Turban und wallender Kaftan unterstrichen. Sein Blick war stolz, fast hochmütig. Vor einigen Tagen hatte er ein Souvenir- und Antiquitäten-Geschäft an der Hauptstraße eröffnet. Ein wahrer Unternehmer, dieser Masrullah! Augenzwinkernd verriet er: „Ich verkaufe auch Krücken, Prothesen und Schuhe. Doch am besten geht dies T-Shirt hier."

Aus einem Stoß Hemden zog er eines mit dem Konterfei Osama bin Ladens heraus. Wer es trug, dem lächelte der Terrorist süffisant von der Brust.

„Werden die hier produziert?" fragte ich.

„Textilgroßhändler schaffen sie aus Peschawar heran."

„Und – hat er noch Anhänger?"

„Allahs Wege sind verschlungen und unergründlich. Kommen Sie doch in mein Haus. Mein Sohn wird uns tschai bringen."

Wir stiegen eine schmale Treppe empor, die in ein Wohnzimmer über dem Geschäft führte. Der Boden war mit Teppichen ausgelegt. In einer Ecke stand ein Samowar, daneben zwei Wasserpfeifen. Auf einem Sockel am Fenster saß ein junger Falke, der aufmerksam mit schräggelegtem Kopf äugte. Im Schneidersitz ließen wir uns nieder. Masrullah zupfte sein Gewand zurecht und schaute mich nachdenklich aus rätselhaft schwarzen Augen an. Im Orient wird der Mann mit zunehmendem Alter interessanter. Liegt es an den Falten, die sein Gesicht wie ein Geflecht unergründlicher Furchen durchziehen?

„Wissen Sie, wovor sich ein Afghane fürchtet?"

„ Sagen Sie es mir, Masrullah!"

„Eines Tages erkennen zu müssen, einen furchtsamen Sohn gezeugt zu haben.“
Tee wurde auf einem runden Tablett gereicht.
„Tashak - kor, Bale“ und dem Gast zu Ehren auf Englisch: „Nimm Platz, Bale!“
„Mein Erstgeborener war kein Feigling. Er wurde bei der Einnahme von Kandahar getötet.“
„Auf welcher Seite?“ fragte ich vorsichtig.
„Auf der Seite der neuen Macht“, sagte er vieldeutig. Dabei griff er unter den einzigen Schrank des Raumes und zog ein Eisenteil hervor...
Nein, nicht schon wieder die Demonstration mit dem Schrapnell, durchfuhr es mich.
„Das Geschoss hat meinen Sohn geköpft – Allah sei ihm gnädig.“
Bruder Bale schaute betreten in seine Teeschale. Masrullah reichte mir das schwere Stück Eisen. An einem Grat klebt etwas Rotes.
„Das ist sein Blut!“ erklärte der Vater und nach einer Weile: „Die Amerikaner sind nicht gern gesehen. Ihre Welt ist uns fremd, nichts ist ihnen heilig. Ihre Freiheit ist nicht unsere azadi, Freiheit. Die Scharia wollen sie außer Kraft setzen. Im Namen ihrer Demokratie wollen sie uns erniedrigen. Unsere Demokratie ist die Loya Jirga, die Große Ratsversammlung. Wenn uns die Amerikaner nicht bald verlassen, werden sie unsere Feinde sein!“
Ich wog das Schrapnell in den Händen. „Stammt es von einer amerikanischen Granate?“
„Natürlich – das hat man mir berichtet!“
Ich konnte mitfühlen. Ehrlich berührt sagte ich: „Schlimm – ich kann Ihre Wut verstehen. – Die Amerikaner, haben sie nicht auch das Land von ei-

nem Terrorregime befreit?"
Seine Augen blitzten. Einen Moment lang glaubte ich, seine Gastfreundschaft missbraucht zu haben. Doch er besann sich und sagte mit einem gütigen Lächeln: „Ich bin Händler und Falkner. Die Arabi sind meine wichtigsten Kunden. Früher belieferte ich auch bin Laden und seine Familie mit Falken. – Doch Sie haben recht, Taliban und Al-Qaida (Der Stützpunkt), haben unsere Traditionen missbraucht, viel Unheil über Afghanistan gebracht. Sie haben uns einen falschen Islam gewaltsam aufgezwungen. Das Leben wurde zur Hölle. Wenngleich jetzt große Unsicherheit auf den Straßen herrscht. Darunter leiden Mädchen und Frauen besonders. Sie dürfen die Burka ablegen, lernen, studieren oder einer Arbeit nachgehen, aber die Freiheit beschert ihnen Belästigung und Vergewaltigung. Schergen von Räuberbanden fallen über sie und über uns Kaufleute her. Es wird geplündert und gemordet. Was einst Sklaverei war, ist jetzt Gesetzlosigkeit!"
„Das sind Nachkriegswirren. Wird sich das nicht bald normalisieren?"
„Es herrscht Wirrsal um Freund und Feind. Kandahar steht in einem bodenlosen Morast. Wer den trockenlegt, ist ungewiss. Gulbuddin Hekmatyar ist nach Afghanistan zurückgekommen. Wir wissen nicht wo er ist, doch er ist da!"
Hekmatyar ist eines der alten Schlachtrösser des afghanischen Dramas, ein islamischer Extremist. Während der sowjetischen Besetzung wurde er von England und den USA, später im Bürgerkrieg von Pakistan und dem Iran unterstützt. Nach der Machtergreifung der Taliban verschwand er im Iran. Gulbuddin

Hekmatyar ist ein Destabilisierungsfaktor für das Land, die „Dame“ auf dem afghanischen Schachbrett. Er ist äußerst gefährlich, verfügt über Geld und Waffen, ist ein charismatischer Führer mit einen Ziel: Er will durch Kriegswirren an die Macht.

„Das bedeutet Unheil,“ sagte ich.

„Wir Paschtunen lieben den König, vielleicht kann er das Land einen. Aber er ist ein alter Mann und Kabul weit, weit weg. Schon in alter Zeit haben die Sharifs der Wüste getan was sie für richtig hielten. Der Arm der Regierung ist kurz und kraftlos, wie der eines Kindes. Hamid Karsai hat keine Hausmacht! Wer weiß, ob der Sommer ihn noch als Präsidenten sieht. Diese Stadt steht unter dem Kommando von Gul Agha Shirzais“, sagte Masrullah und seufzte.

Ich konnte vom Wohnzimmer aus auf die Straße schauen. In Kandahar sahen jene, die für Ordnung sorgen sollten, wie Verbrecher aus: Sonnenbrillen, verfilzte Bärte, zerfetzte Gewänder, geschulterte Kalaschnikows und Granatwerfer. Der alte und neue Gouverneur Agha ist ein Chamäleon, seine Krieger gewendete Taliban.

Auch mir blieb nur ein tiefer Seufzer.

„Ich brauche eine Unterkunft“, sagte ich unvermittelt. Masrullah nickte. „Ich kann Ihnen eine einfache Hütte außerhalb des Zentrums, bei den alten Brennöfen, zur Verfügung stellen. Mein Sohn zeigt Ihnen den Weg und sorgt für einen Wächter. – Doch lassen Sie uns zuvor ein chelem rauchen.“

Bale stand sogleich auf und präparierte eine der Wasserpfeifen. Die Pfeife stand in unserer Mitte, während das Mundstück herumgereicht wurde. Der Rauch schmeckte würzig und war angenehm kühl.

Ich ging davon aus, dass wir normalen Tabak rauchten. Der Konsum von Opium, Hasch oder Marihuana stand unter harter Strafe. Andererseits hatte sich Afghanistan zum größten Anbauer von Mohn und Exporteur von Opium entwickelt. Aus Opium wird Morphium für die Drogenszenen Amerikas und Europas gewonnen. Der illegale Rauschgifthandel des Landes stellt Regierung und Schutztruppe vor ein ungelöstes Problem. Zumal die Provinzfürsten Anbau und Handel heimlich fördern, da sie kräftig davon profitieren.

Wieder auf der Straße, wies der Falkner zum Himmel. Einer jener fernen Kondenzstreifen durchfurchte das wolkenlose Gewölbe und verriet eine Tat, die in 11 000 Meter über der Stadt ausgelöst wurde.

„Amerikaner bombardieren eine Al-Qaida-Stellung. Sie werden den Einschlag gleich hören."

Er legte den Kopf zur Seite. „Da jetzt!"

Dumpf rollte eine Detonation heran, dann stand ein Staubpilz im Süden über der Stadt.

In der Lehmhütte mit Schilfdach kam ich mir vor wie ein domestizierter Beduine. Auf der geflochtenen Pritsche lag eine kunstvoll gewebte Decke, davor stand eine Bodenvase aus Terrakotta und ein chelem, eine Wasserpfeife, ja sogar paizar, traditionelle Säbelschuhe, befanden sich vor dem Bettgestell.

Seyyed, mein Wächter, ein malerischer Mudschahid mit pump gun, richtete sich im Vorraum ein. Von ihm erfuhr ich, dass Masrullah, in dessen Diensten er stand, zu den einflussreichen Familien Kandahars zählt.

Beim tschai sagte Seyyed, während er die Schale zum Mund führte: „Meine zwei Brüder wurden von den

Russen erschossen. – Sehen sie die Kerben im Holz?“
Ich hatte bemerkt, dass er mit einem Stück Holz spielte.
„Es sind 18 Einschnitte und jeder davon steht für einen toten Russen. Der Krieg war ein dschihad, ein heiliger Krieg!“
„Die Russen haben Afghanistan vor 12 Jahren verlassen. – Gibt es einen heiligen Krieg?“ flüsterte ich mehr zu mir selbst.
„Natürlich!“ entrüstete sich Seyyed.“ Der dschihad gegen die Kommunisten war heilig, aber es war auch ein Krieg der Ehre gegen diese Besatzer und Mörder gewesen. Dieser Holzstab erinnert mich immer daran und an diesen Bauchschuß.“
Er zeigte mir eine hässliche Narbe.
Natürlich empfand ich Mitgefühl. Aber mich beschlich auch Zweifel, ob ewiger Hass die Basis für Versöhnung ist? Oder übersah der Westen, dass Afghanen ein Volk großen Stolzes und ebensolcher Empfindlichkeiten ist?
Das Wüstenklima machte mir zu schaffen. Ich warf mich auf die Pritsche. Plötzlich wummerte die Erde, ich spürte eine deutliche Erschütterung. Erschrocken sprang ich auf. Erdbeben?
Nein, eine weitere Bombe war in ziemlicher Nähe eingeschlagen. Der Wächter grinste beruhigend. Hinter den Ziegelbrennöfen wirbelte die Staubfahne empor. Ich hörte Geheul. Verwundete Zivilisten?
„Hierbleiben!“ herrschte mich Seyyed an,“ ferangi begeben sich da nur in Gefahr.“
Ich gehorchte. Ließ mich durch die eigentümlichen konischen Öfen ablenken. Gedankenfetzen zur be-

wegten Geschichte glommen auf:
Die Ziegelbrennkunst ist 3000 Jahre alt. Um 600 vor Christus wirkte Religionsstifter Zarathustra weit über Afghanistan hinaus. Er stammte aus Balkh, dem Nordteil des Landes. Ibn Sina diente als Arzt und Philosoph seinem Geburtsland Afghanistan und war in der gesamten islamischen Welt berühmt. Perser, Alexander der Große, Dschingis Khan, später die Briten, schließlich die Russen kämpften und beeinflussten das Land unter dem Hindukusch ohne es wirklich zu beherrschen. Gebirge und Wüste haben die Bewohner hart, unbeugsam, genügsam gemacht. Gleich hinter den großen Brennöfen beginnt die winddurchwehte Einöde. Ich spürte die andere, unbekannte Welt, das Universum der Dürre und des Sandes.

Die afghanische Wüste ist zwar kleiner als die Arabiens, Libyens oder Mauretaniens, dafür aber grausamer. Es gibt keine Oasen. Wer sich in ihr verirrt, ist des Todes. Nicht zu Unrecht hat Afghanistans Wüste den Namen: Dascht-i-Margo, die Todeswüste...

Schreie und Rufe gingen durch Mark und Bein. Menschen eilten in Richtung Staubwolke. Jetzt wurde mein Wächter unruhig.

„Ich schaue nach. Aber Sie bleiben hier."

„Warum?"

„Weil Sie gesteinigt werden!" sagte Seyyed.

Immer noch strömten Menschen aus den Gassen in Richtung eines Ereignisses, das ich mir nicht vorzustellen vermochte. Sie rannten, lamentierten, gestikulierten. Die Menschen waren wie von Sinnen. Frauenstimmen stießen spitze Schreie aus.

Ich spürte, wie eine Welle von Wut und Hass diesen

Teil der Stadt erfasst hatte. Eine bedrohliche Mischung, die den ferangi in Todesgefahr bringt.
Seyyed erschien nach einer Ewigkeit, staubbedeckt, schwitzend, außer Atem. „Die Bombe, sie traf in ein Wohnhaus. Tote, Verwundete..."
Nein – um Gotteswillen! Schlug da eine chirurgische Operation fehl, wie so manches Mal in letzter Zeit? Unvermögen oder eine tödliche Falschmeldung, womöglich lanciert, um gegen die Fremden, vor allem gegen die Amerikaner, Stimmung zu machen? Wie Ende Dezember, als Kampfjets eine Autokolonne auf der Straße nach Gardes bombardierten. Nach Information des Militärs saßen im Konvoi Al-Qaida-Kämpfer. In Wahrheit aber waren es Clanchefs, auf dem Weg nach Kabul, um der Inaugurationsfeier für die Regierung Karsais beizuwohnen. Sechzig Menschen starben. Die tödliche Fehlinformation soll der rachsüchtige warlord Padscha Khan eingefädelt haben.
Kollateralschaden oder friendly fire, sagen die Amerikaner achselzuckend dazu und bedauern den Vorfall. Ich beschloß, meine Hütte heute nicht mehr zu verlassen. Zu mächtig kochte die Volksseele. Seyyed hatte sein Gewehr vorsorglich entsichert und in den Arm genommen.
Meine Unbekümmertheit war dahin. Angst saß mir im Nacken. Manche Orte hatte ich besucht, von denen es hieß, sie seien gefährlich: Colón, Algier, Lagos während des Putsches, Addis Abeba im Bürgerkrieg ... doch Kandahar bedrohte aus der Luft und von der Straße her.
In den nächsten Tagen war Seyyed, der Hauswächter, auch mein bodyguard. Mit ihm als Schatten ver-

schaffte ich mir Einblicke in die finstere Stadt. Nachmittags fand ich mich meist bei Masrullah, dem Falkner, zum Tee oder zu einem chelem ein. Wir hatten uns etwas angefreundet. Über seine Kontakte versuchte ich Yakob Harum zu finden, der längst in der Stadt sein müsste.

Anfang Dezember 2001 wurde Kandahar, die Hochburg der radikalislamischen Taliban, von Marines und Nordallianztruppen eingenommen. Von der einstigen Bedeutung des Handelszentrums für Schafe, Wolle, Getreide, Gemüse und Weinbau für die Rosinenherstellung, ist nichts übriggeblieben. Die allermeisten der mit 250 000 Einwohnern zweitgrößten Stadt des Landes, sind auf Hilfslieferungen aus dem Ausland angewiesen. Unübersehbar ist die Not!

Im Wüstensand, abseits der Stadt, tauchte sie hinter einer Bodenwelle auf: die große Moschee, eingerahmt vom Palast des geflüchteten Mullah Omar, mit den Wohngemächern seiner vier Frauen und den vielen Kindern. Unwirklich, wie eine Fata Morgana auch das Grün, das den einst aufwändigen Garten ahnen ließ. Wertvolle Keramiken zierten die Hauswände.

Das Oberhaupt der „Schüler des Islam" (Taliban) predigte Entsagung, lebte jedoch alles andere als bescheiden! Hohe Mauern schirmten den Komplex vor Blicken darbender Menschen ab. Wer hinter die Umfassung schauen möchte, braucht eine Genehmigung. Die besorgte Masrullah. Ich staunte über die große Heuchelei, mit der der Mullah den Gottesstaat regierte: Kuhställe mit Klimaanlagen, luxuriöse Schrankwände, Medikamente aus Amerika, Babybetten aus England, Babynahrung aus Holland. An den Wänden

Bilder! Bilder – Symbole der Dekadenz, dem Volk auf Strafe verboten!

Geländewagen mit abgedunkelten Scheiben waren der Horror für die Bevölkerung in Kandahar. Mullah Omars Religionspolizei preschte damit durch Gassen und über Landstraßen, um den aufzugreifen, zu prügeln, der gegen die barbarischen Glaubensregeln verstieß. Und um, fast könnte man meinen lustvoll, drakonische Strafen zu verhängen, zu foltern, zu steinigen, aufzuhängen, Gliedmassen abzuschneiden.

Nun saßen Leibwächter der neuen Stadtkommandantur hinter dem Steuer und benahmen sich kaum minder rüde.

Ich hatte einen Ausflug mit einem dieser Jeeps unternommen. An den angsterfüllten Blicken und Reaktionen machte ich aus, was totalitäre Regime bewirkten.

Masrullah erwartete mich. Wie eine Statue ruhte er im Wohnzimmer seines Hauses, dieses Mal von zwei Falken würdevoll eingerahmt.

„Tshe hal dari, wie geht es Ihnen? Treten sie ein. Ich habe eine Neuigkeit für Sie."

„Ich höre Ihre Worte", antwortete ich, die Form wahrend.

„Yakob Harum, der 'verlorene Sohn' ist in der Stadt."

„Das ist eine gute Nachricht. Wo kann ich ihn treffen?"

Der Falkner forderte mich mit einer Geste auf, Platz zu nehmen. Kaum hatte ich es mir auf einem der Kissen bequem gemacht, erschien ein Diener mit einem Tablett, auf dem sich Fladenbrot, Reis, eine schwarze Soße und Hammelfleisch befanden.

„Ich bitte Sie, bei kahbab, einem Fleischgericht, mein Gast zu sein“, sagte Masrullah.

Mit einer Hand brach er ein Stück Fladenbrot, tauchte es in die Soße, dann quetschte er etwas Reis zwischen Brot und Finger und schob sich den Bissen in den Mund. Seine Eßkultur hatte etwas ungemein aristokratisches.

„Yakob wohnt bei einem Onkel“, sagte der Falkner, „ich lasse Sie Morgen hinbringen.“

Ich aß von dem Hammelfleisch. Schließlich sagte ich: „Ihre Gastfreundschaft beschämt mich. Wie kann ich mich revanchieren?“

„Ich habe Ihnen noch nicht gesagt, dass mein Bruder in Deutschland lebt – in Frankfurt. Er hat nur Gutes über die Deutschen berichtet. Ich freue mich, dass sie mein Gast sind.“

Yakob Harum war am anderen Ende der Stadt untergekommen, erfuhr ich. Er soll bereits mit einem Beamten für Rekonstruktionen Kontakt aufgenommen haben. Händeringend wurde ein Bauingenieur gesucht, der den Aufbau einer provisorischen Brücke über den Arghandab organisierte.

Schon in den 30er Jahren haben deutsche Ingenieure einige Brücken zwischen Kandahar und Kabul gebaut. Yakob war glücklich, als Wahldeutscher an diese Tradition anknüpfen zu können. Mit Helfern machte er sich sogleich auf, um die Beschädigungen in Augenschein zu nehmen.

Zuvor ließ er sich auf den Friedhof bringen, dort betete er am Grabstein seiner verstorbenen Mutter. Später soll er Kandahar in westlicher Richtung verlassen haben. Bei Senjaray stieg er aus dem Fahrzeug, um das Wadi mit der Brückenruine zu inspizieren.

Hernach verschaffte er sich ein Bild vom Umfeld des Flussabschnitts. Sicher werden seine Begleiter ihn gewarnt haben, achtlos durch den Sand zu laufen.
„Unser Land braucht Männer wie Yakob, sie haben das Wissen und das Können, Afghanistan aufzubauen", sagte Masrullah.
„Fast eine Million Ihrer Landsleute leben in Europa und Amerika. Allein 50 000 gut Ausgebildete könnten Wunder bewirken!"
„Wir Afghanen haben große Angst vor der Bevormundung. Ich gebe zu, das hemmt den Fortschritt. Aber die Arroganz der Leute aus Amerika ist bisweilen unerträglich."
Nun war die verirrte Bombe von gestern das Thema und der Schaden, den sie an menschlichem Leid und Zerstörung angerichtet hatte. Es hieß, das Ziel sei falsch definiert worden. Ein schrecklicher Schlag aufs dünne Eis des Vertrauens. Feuer an die Lunte der Kriegstreiber.
„US-Militär setzt Benzinbomben ein", sagte Masrullah und hob bedauernd die Arme.
Thermobaric soll die Waffe mit verheerender Wirkung heißen. Ich hatte davon gehört. Im Ziel entzündet sich ein mit Benzin gefüllter Sprengkopf, der als gewaltiger Feuerball explodiert. Sauerstoff der Umgebung wird aufgesaugt. Wer nicht unmittelbar durch die Explosion getötet wird, stirbt den Erstickungstod. Apokalyptische Reiter galoppierten durch die Dascht-i-Margo, gab es etwas perverseres als die Wüste zu verwüsten?
Am nächsten Tag wunderte ich mich, dass Seyyed, der Wächter, nicht vor des Hütte stand.
Gegen Mittag stürzte er herein. „Rasch, kommen Sie!

Es ist etwas passiert!“ rief er mir zu.

Im Nu war ich auf den Beinen. Folgte ihm ins östliche Stadtgebiet, bis wir eine Ansammlung flacher Lehmbauten in ziemlich desolatem Zustand erreichten. Ein Lazarett.

Wir drängten uns durch eine Traube stumm leidender Menschenleiber, deren Wunden notdürftig mit schmutzigen Tüchern verbunden worden waren. Die Ambulanz musste gerade eröffnet worden sein. Alte, junge, versehrte Afghanen strömten heran. Schwerverletzte wurden auf Bahren herangeschleppt, andere humpelten, von Freunden oder Verwandten gestützt. Ein Jammertal! Im Gebäude war die Luft stickig, die Fülle war schlimmer als in einer Moschee beim Gottesdienst.

Abgekämpfte Ärzte und erschöpfte Schwestern gönnten sich eine kurze Verschnaufpause. Sie stierten kopfschüttelnd vor sich hin. Wie sollten sie weitermachen, wenn es an allem mangelte? Zu wenig Medikamente, kaum Verbandszeug, fehlende Instrumente!

Wir standen an der Schwelle zur Krankenstation. Wieder der Ekel erregende Gestank verfaulten Fleisches, vermischt mit dem von Urin und Kot. Modergeruch, der die Sinne betäubte! Auf einmal beschlich mich ein dumpfes Gefühl von Ahnung und Sorge. Ich mochte nicht fragen, was wir suchten, warum wir eigentlich hier waren.

Ein Arzt trat mit uns vor eine Pritsche. Was darauf lag, war in einem beklagenswerten Zustand. Aschfahl, verzerrtes Gesicht, Schweißperlen auf der Stirn. Jetzt erst erkannte ich die Person an der Stirnnarbe. Ein Schreck fuhr mir durch die Glieder. Es war Ya-

kob Harum!
Wo sich normalerweise ein Fuß befand, sah ich blutdurchtränkte Stofffetzen. Die Hose war bis zum Gesäß aufgeschlitzt, das Bein kurz unter dem Knie abgebunden worden. Harum stöhnte langgezogen und wand sich im Fieber. Er war nicht ansprechbar.
„Das Werk einer Splittermine. Er hat viel Blut verloren“, sagte der Arzt und beugte sich über ihn“, wir werden ihm den Fuß, vielleicht das Bein abnehmen müssen.“
Wieder stöhnte Harum als hätte er vernommen was ihm bevorstand.
Hinter der Pritsche standen drei Männer mit versteinerten Gesichtern. Verwandte, vermutete ich. Aus ihren Augen sprühte Hass und der Drang nach Vergeltung.
Mein Gott! dachte ich.
„Wir bereiten die Operation vor“, erklärte der Arzt, „er kommt jetzt dran. Zwei Bauchwunden und eine Kopfverletzung waren dringender.“
Wir harrten der Dinge, ratlos, tatenlos. Ein Zustand der Hilflosigkeit. Nach zehn Minuten wurde Harum in einen provisorischen Op-Raum getragen. Zurück blieben Wut und Ohnmacht. Der schmutzige Krieg war noch lange nicht zu Ende!

Zwei Tage später verließ ich die Stadt. Harum hatte sein Bein kurz unter dem Knie eingebüßt. Er wird überleben, mit gebrochenem Herzen und geschundener Seele. Er wollte seiner Heimat helfen, nun ist er selbst hilfsbedürftig.
Warum? wird er fragen. Wo war Allah, wo Gott? Er wird nach Deutschland zurückkehren, seine noble

Absicht als nicht endenden Alptraum empfinden, vielleicht bedauert, wenn nicht gar hämisch bemitleidet werden. Was für eine Welt? Was für eine himmelschreiende Ungerechtigkeit?
Auch ich verließ Kandahar mit dem Gefühl der Verwirrung. Als ich kam, war alles klar geordnet: hier der Feind, dort der Freund. Hier Niederlage, dort Sieg. Hier Vergangenheit, dort Zukunft. Als ich ging, befand sich alles in Aufruhr: Wo war der Feind, wo der Freund? Wo die Niederlage? Wo der Sieg? Und wo war die Zukunft?
Was werde ich meinem Sohn sagen, der seinen Dienst in diesem Land versieht? Ist seine Aufgabe wichtig, wichtig genug, um dahinter zu stehen, mit ganzem Einsatz, mit ganzer Überzeugung, selbst auf die Gefahr hin, ein Krüppel zu werden, gar alles zu verlieren?
Ich werde ihm sagen: trotz allem, trotz Rückschlägen und Wirrsal, du verteidigst Werte, unsere Werte! Auch Taliban oder radikale Islamisten geben vor etwas zu verteidigen, was sie für Werte erachten, aber das sind nicht unsere Vorstellungen von Werten, von Recht und Ordnung, von friedlichem Miteinander, von Freiheit.
Und weil das so ist, stehst du hier in diesem Land für eine gute Sache, die es lohnt zu verteidigen und zu wahren, auch mit dem Äußersten, dem Leben.
Die Friedenssicherung in Afghanistan ist eine große Aufgabe, das werde ich ihm sagen – falls er mich fragen sollte, falls er zweifeln sollte, falls ich ihn sehen sollte...

Mitte Februar stand ich wieder auf dem Rollfeld von

Bagram im hektischen Treiben und ohrenbetäubenden Motorenlärm. Landende Militärmaschinen wurden von amerikanischen Jeeps und Quads wie Schmeissfliegen umsurrt. Hinter einem verwüsteten Hangar wehte eine deutsche Flagge, um diese hatten sich Fahrzeuge und Zelte gruppiert. Bundeswehrsoldaten nahmen Aufstellung. Ob sich Gerd unter ihnen befand? Ich musste dort hingelangen. Es war die letzte Chance ihn zu sehen. Nach der Antonov, die gerade wie ein gefährliches Ungetüm auf uns zu, dann nach links ausrollte, befand sich bereits die Fokker F 28 im Landeanflug. Eine UNO-Maschine, die uns in der nächsten halben Stunde ausfliegen wird. Uns, dass waren wie gewöhnlich Diplomaten und Berichterstatter unterschiedlicher Nationalitäten. Jetzt oder nie!

Also marschierte ich am Rande des Rollfelds dem deutschen Kontingent entgegen. Nach hundert Metern sah ich von rechts drei Zivilisten heraneilen. Afghanen, die sich mir in den Weg stellten. Aufgeregt redete einer in Dari auf mich ein. Ein jüngerer Mann erklärte in englisch, dass ich sofort umkehren müsse. Anderenfalls werde ich festgenommen. Ich brachte mein Anliegen vor und bat wenigstens fünf Minuten mit meinen Landsleuten sprechen zu dürfen.

„Kommt nicht in Frage!“ hieß es barsch.

Hatten die drei Zivilisten das zu bestimmen? Ich ging weiter, wurde handgreiflich daran gehindert. Plötzlich brauste ein Sergeant auf seinem Quad heran. Die Afghanen ließen mich los. Dem amerikanischen Soldaten wurde die Lage erklärt. Der meinte nun höflich aber bestimmt: “Gehen Sie wieder zurück. Es gibt sonst Ärger. Die drei sind von der Security. Tut mir leid, wenn Sie dadurch Ihren Sohn nicht mehr sehen."

„Darf ich das Camp fotografieren?"

Der Sergeant überlegte einen Moment, dann sagte er: „O.K., in diese Richtung eine Aufnahme."

„Danke."

Kopfschütteln und Augenrollen bei den Afghanen. Mit der Erlaubnis des Amerikaners mußten sie sich aber zufrieden geben und trollten sich. Ich ging zurück, das Quad röhrte davon, ich ging zu meiner Gruppe. Der Zwischenfall schien ausgeräumt.

John Carthy von Arimage TV meinte: „Die Drei nahmen sich ja verdammt wichtig."

„Nicht ausgeschlossen, dass es Agenten der Amerikaner sind."

Langsam schob sich unser Tross in Richtung der startbereiten Fokker. Die ersten Passagiere stiegen die Gangway hinauf. Plötzlich war ich von drei Männern eingerahmt, die mich abseits drängten. Die drei Afghanen von vorhin!

„Den Film!" ranzte mich der Jüngere an.

„Moment mal, das Fotografieren wurde mir erlaubt."

„Nix erlaubt, streng verboten!"

Zwei der Sicherheitspolizisten machten sich an meiner Tasche zu schaffen. Ich geriet langsam in Wut und riss sie ihm weg. Hilfesuchend schaute ich mich nach dem Sergeanten um. Weder der, noch andere Amerikaner waren in der Nähe. Ich setzte mich auf meine Tasche und ließ aufgeregtes Palaver über mich ergehen. Der letzte Fluggast war im Bauch der Maschine verschwunden.

„Den Film oder die Maschine fliegt ohne Sie!"

Ich saß auf meiner Tasche und spielte auf Zeit, in der Hoffnung, ein hilfreicher Geist erbarmte sich meiner. Dem älteren Afghanen schien jetzt auch der Geduldsfaden zu reißen. Er brüllte auf mich ein, klappte seine Jacke zur Seite und fummelte an seiner Smith & Wesson, Model No. 13, einem amerikanischen Polizei- und Militärrevolver herum. An den Kabinenfenstern der Fokker drückten sich die Passagiere die Nasen platt. Mit Sicherheit waren sie sauer, da ich im Begriff war den Abflug zu verzögern. Aber vermitteln wollte keiner. Die Wut in mir wurde mächtiger. Sauerei! Ich sollte wegen einer, sogar erlaubten Aufnahme, einen ganzen Film einbüßen, während die Journalisten vorhin im Pulk wild in alle Himmelsrichtungen schossen. Mit etwas mehr Zeit würde ich das Problem gelassen aussitzen, so viel Erfahrung hatte ich im Laufe meiner Reiseaktivitäten gesammelt. Doch in diesem Fall musste ich auf diese letzte Maschine gelangen, die, mit den Diplomaten an Bord, unmöglich wartete. Als sich das Bodenpersonal daran machte, die Gangway wegzuschieben, riss ich meine Tasche auf, klappte den Fotoapparat auf, der eingespulte Film schnurrte zusammen. Hände grabschten danach. Und nach weiteren Filmdosen. Am liebsten hätten sie mir auch die Kamera entrissen. Nun eilte ich die Treppe hinauf, schob mich durch den Gang zum letzten freien Platz.

Die F 28 startete, zog eine Schleife und hielt auf die Gipfel der schneebedeckten Berge des Kohi Safi-Massivs zu. Wir flogen auf Ostkurs, Pakistan mit Islamabad entgegen.

Allmählich beruhigte ich mich. Ich genoss die kolossale Landschaft unter mir. Die engen, zerklüfteten

Täler, die froststarren Flussbetten, die einsamen, lehmbraunen Gehöfte, die wie Adlerhorste an Felsvorsprüngen klebten. Dann das grandiose Farbenspiel in den Terrassenkulturen... Schade, dachte ich, dass der Abschied aus „meinem" Afghanistan so unschön endete. Wie gern hätte ich Gerd im deutschen Lager getroffen, ihm von meinen Erfahrungen mit den großartigen Menschen berichtet. Auch von den kleinen Gaunern und Schlitzohren. So wusste ich nicht einmal ob er eingetroffen war. Ich verließ das Land im Februar. Gerd wird bis Ende Juli bei der ISAF dienen, dass hatte er damals in Hamburg, am Heiligabend, gesagt. Wie gern hätte ich ihm gesagt, was ich von dem Einsatz halte und zwar auf afghanischem Boden. Es war mir nicht gegönnt. Vielleicht später – sollte ich noch einmal hierher kommen.

Afghanistan fasziniert durch seine raue Struktur, mit seinen harten, schweigsamen Männern und den geheimnisvoll verschleierten Frauen, deren Burkas der Wind bläht wie ein hoffnungsvolles Segel, das die Menschen am Ende doch an ein sicheres Gestade trägt – daran möchte ich glauben, selbst wenn es schwerfällt!

„Verflucht sei der Krieg,
verflucht das Werk der Waffen!"
(Li T'ai-po)

Feldpost-Briefe aus Afghanistan und Gedanken von draußen

Wieder in Hamburg, im sicheren Zuhause. Ich erfuhr, dass ich Gerd um drei Tage verpasst hatte. Die Nachrichten sprachen von verstärkten Unruhen in Afghanistan. Alarmierende Kommentare im Fernsehen, Radio, in den Zeitungen überschlugen sich. So aus der Ferne hörte sich das Szenario bedrohlich an: „Afghanistan-Krieg flammt wieder auf. Deutsche Soldaten an der Front. Al-Qaida-Kämpfer schießen US-Hubschrauber ab. Bundeswehr hilft bei Offensive..."
„DIE WELT" stellte Carl Hubertus von Butler vor, Leiter der Oldenburgischen Luftlandebrigade 31. Diplomsoziologe und Brigadegeneral von Butler wird die deutschen Afghanistan-Soldaten als Kommandeur in der vermutlich schwierigsten Mission in der Geschichte der Bundeswehr führen. Nervosität, so hieß es, war dem 51-jährigen General nicht anzumerken. „Ich weiß, dass ich mich auf meine Leute verlassen kann!" ließ er verlauten und: „Ich habe den Auftrag ein 1200 Mann starkes Kontingent zu führen, das aus Deutschen, aber auch Österreichern, Holländern und Dänen besteht." Unter ihm befehligte neben anderen Oberstleutnant Hans-Günther Karsten das Bataillon 313 aus Varel, dem die 1. Einsatzkompanie ISAF mit ihrem Chef Gerd Conte un-

terstellt war. Conte war mit 100 Fallschirmjägern für Ruhe und Ordnung im Distrikt 4, 10 und 12 von Kabul zuständig und kümmerte sich um die Ausbildung afghanischer Polizeikräfte. Ihr Standort: Camp Warehouse, eine Zeltstadt mit ehemaligen Gebäuden und Hallen einer Baufirma. Der Komplex wurde umfriedet, mit 760 000 Sandsäcken bewehrt, zum Fort ausgebaut. An der Ausfahrtstrasse, 15 km westlich der Hauptstadt, ist er gelegen. Der Blick reichte weit über arides Land bis zu den eisigen Bergen im Osten, wo irgendwo in felszerklüfteter Wildnis die Großoffensive von US-Soldaten und ihren Verbündeten gegen Widerstandsnester der Taliban lief. An der Operation „Anaconda" waren auch deutsche Spezialkräfte eingesetzt worden. Etwa 100 dieser KSK-Soldaten aus Calw jagten Terroristen in der Provinz Paktia, unweit der einst heiß umkämpften Bergfestung Tora Bora, dem Führerbunker Osama bin Ladens.

Unterdessen kämpften die warlords um größeren Einfluss und untergruben die Autorität der Zentralregierung mit Interimspremier Hamid Karsai. Geheimdienste berichteten, dass die Macht der Kriegsfürsten bis in die Hauptstadt reichte: Waffen, Munition, Sprengstoff wurde für den Tag X der Machtfrage, an den Kontrollposten der internationalen Schutztruppe (ISAF) vorbei, in die Stadt geschmuggelt. Was das für Gerds Männer auf Streifengang im nächtlichen Kabul bedeutete, konnte ich mir leicht ausmalen. Das diffuse Risiko- und Bedrohungspotential lauerte nicht nur vor den Soldaten wie an der Front, nein hinten, vorne, seitlich, überall, hinter jeder Hausecke! Heckenschützen ausgeliefert sein, ist ein Gefühl der Machtlosigkeit. Hinzu kam, dass die Unterkunft, das Camp Warehouse, von Schlupfwinkeln aus mit Raketen und Mörsern unter Beschuss zu nehmen war...

In dieser Situation erhielt Nora gegen 17.20 Uhr einen Anruf ihrer Schwester aus San Francisco: „Hast du schon gehört, in Kabul hat es Tote gegeben."

„Schlimm", sagte Nora, „täglich sterben Menschen in Afghanistan."

„Nein, nein, dies Mal handelt es sich um deutsche Soldaten. Ein Überfall oder ein Unfall. Hast du noch nichts davon gehört?"

„Nein, nichts, um Gotteswillen, weißt du näheres? Wie viele Tote, wie viel Verletzte gab es?"

Sie wusste es nicht. Besorgt erzählte mir Nora die Neuigkeit aus Amerika. Ich beruhigte sie mit dem Hinweis, dass es sich um Kampfhandlungen der Spezialeinheit KSK handeln müsste.

Die Nachrichten brachten, dass es sich um ein Unglück handelte, bei dem Soldaten der ISAF ums Leben kamen und verletzt wurden. Mehr war nicht zu erfahren. Und plötzlich war sie da, die Angst. Denn seit die Bundeswehr sich weltweit in Krisenherde begibt, ist das Leben der Soldaten gefährlich geworden.

Das wusste Nora und sie hat sich mit der Berufswahl ihres Sohnes nie abgefunden. Ich wusste es auch, aber meine Einstellung zum Einsatz von Soldaten im Ausland war eine andere. Eine idealistische. Ich wünschte mir Soldaten als Missionare des Friedens. Menschen, die hinausgingen um zu schlichten, zu versöhnen, auszubilden und zu helfen. Aufzubauen, was zerstört wurde. Ich glaube an Soldaten als wohl

organisierte Entwicklungshelfer, die lehren und ausbilden, nicht nur die Verteidigung, vielmehr das Handwerk von Recht und Ordnung in einem vom Krieg zerstörten Staatssystem.
Nora versuchte Gerd mit Antikriegsfilmen wie „Platoon“ oder „Apokalypse now“ vom Soldatentum zum Pazifismus zu bewegen. Sie sah das Entsetzen im Gesicht des Sohnes, aber es war nicht Entsetzen genug, um ihn von seinen Plänen abzubringen. Und sie war traurig und litt stumm. Nur manchmal war zu hören: „Habe ich ein Kind geboren, einen Sohn großgezogen, damit er früh stirbt. Irgendwo in der Welt erschossen wird?“
Ich wusste, dass er nach dem Wehrdienst dabei bleiben wird. Auch als er bei der Bundeswehr Betriebswirtschaft studierte, als Diplom-Kaufmann abschloß, ihm schließlich ein äußerst verlockender Vertrag einer großen Wirtschaftsprüfungsgesellschaft angeboten wurde, stand sein Entschluss fest.
Nora schimpfte nicht: „Blödsinn, wie kann man sich so sein Leben versauen!“ Aber sie war traurig.
Da ich es wusste, fragte ich ihn: „Bist du sicher, dass du es wirklich willst, Gerd?“
„Es ist meine Berufung!“
„Du wirst womöglich Menschen töten oder selber getötet werden.“
„Wenn es die Situation erfordert, ja. Aber zu allererst will ich verhindern das getötet wird.“
„Tue, was du tun mußt, mein Sohn!“
Hat die Mahnung Vegetius noch Gültigkeit: Si vis pacem para bellum. (Wenn du Frieden willst, so rüste für den Krieg)?
Gerd ging als Oberleutnant nach Mazedonien, als

Hauptmann nach Afghanistan. In der Stunde der Toten von Kabul wussten wir nicht wo er war, wussten nicht wie es ihm geht.

Um 19.00 Uhr hieß es in den Nachrichten, dass die betroffenen Familien bereits benachrichtigt worden seien. Wir hatten keine Nachricht. Trotzdem blieben Zweifel. Sind nur die Angehörigen der Getöteten benachrichtigt worden? Was war mit den Verletzten? Um 20.00 Uhr kam die Erleichterung. Mit dem Satellitentelefon meldete sich Gerd. Gefasst, aber auch betroffen über den Tod seiner Kameraden, hörten wir, dass es ihm gut geht. Nähere Umstände zum Tod in Kabul konnte er nicht nennen. Sie waren geheim. Einige Tage später erhielten wir seinen ersten Feldpostbrief aus Afghanistan:

Hauptmann Gerd Conte
- Kompaniechef -
1. EinsKp AFG
Feldpost D-64298 Darmstadt

Kabul, 3. März 2002

Liebe Eltern,
nun bin ich seit sechs Tagen im Rahmen von ISAF Kabul im Einsatz. Entgegen deutschen Presseberichten konnte ich mit meiner Kompanie geschlossen, ohne Komplikationen, über Termes in Usbekistan nach Kabul verlegt werden.

Bei herrlichem Wetter landete unsere Transall am Sonntag, den 24. Februar, auf dem internationalen Flughafen von Kabul oder was von diesem nach Jahren des Bürgerkriegs und dem Einsatz der Amerikaner im Rahmen von Enduring Freedom übrig geblieben ist. Flugzeugwracks stehen aufgereiht neben der Rollbahn. Franzosen verbrennen Müll und ein Einheimischer bietet sich als Taxichauffeur für uns Neuankömmlinge an. Gestank und Staub vernebeln die Sinne. Ein Zustand, der wohl die nächsten Tage anhalten wird. Die Stimmung ist gut. Nach langer Zeit der Ungewissheit und des Wartens stehen wir tatendurstig im Schotter und Schlamm des Feldlagers Camp Warehouse. Kurz vor unserer Ankunft hatte sich die Sicherheitslage verschärft: Der Luftfahrtminister Abdul Rahman wurde ermordet und Karsai sprach von einer Verschwörung hochrangiger Regierungsbeamter. Der Minister war auf dem Flughafen Kabul erschossen worden, von wo er im Begriff war, nach Neu-Delhi zu fliegen. Und die mutmaßlichen Mörder? Spekuliert wird, es seien der Geheimdienstchef, der Vize-Verteidigungsminister und ein Richter in die Tat involviert gewesen. Alle drei entschwanden mit einer Pilgergruppe nach Saudi-Arabien.

Es hieß aber auch, in der Kälte wartende Mekka-Pilger seien wütend geworden und hätten den Minister kurzerhand erschlagen. Keine schöne Situation, zumal Afghanistan den internationalen Flughafen gerade geöffnet und regelmäßigen Flugdienst zwischen Kabul und Teheran, Taschkent und Islamabad angekündigt hatte.

Tags darauf versuchten Fußballfans das vollbesetzte Stadion zu stürmen, wo eine afghanische Auswahl gegen eine ISAF-Mannschaft spielte. Dabei flogen Steine und andere harte Gegenstände. Unsere gut abgerichteten Schäferhunde, Knüppel und Rauchgranaten der Polizei brachten die Lage unter Kontrolle. Vier ISAF-Soldaten, darunter zwei Deutsche, wurden leicht verletzt.

Vater, Dich habe ich leider um drei Tage verpasst und die Wette haushoch verloren. 1000 Euro überweise ich, wenn ich wieder zu Hause bin. Das Feldlager hätte ich Dir gern gezeigt.

Für die nächsten sechs Monate ist es jetzt meine neue Heimat! Noch sind nicht alle Zelte für die Kompanie aufgebaut worden. So drängen sich anfangs zwölf bis vierzehn Mann in einem 6x7 Meter großen Zelt. Ich schlafe abgetrennt vom Kompaniegefechtsstand und habe mich auf 3x3 Meter häuslich eingerichtet. Ein Regal vom Schrottplatz, ein Feldbett und meine Tropenkiste, mehr Luxus braucht man nicht. Die Männer hatten schnell begriffen: Transportboxen werden nicht verfeuert, sondern zu Regalen umgebaut.

Die Sonne steht tief im Westen, fertig zum Sprung hinter den Hindukusch. Der Griff zum Faserpelz (warme Jacke) kommt rasch. Binnen Minuten verliert das Thermometer 12 bis 15 Grad, es wird frostig und die Feuertonne zum beliebten Treffpunkt. Belohnt wird das Zähneklappern mit einem traumhaft schönen Sternenhimmel. Anderen Orts wird für so viel Natur eine Menge Geld bezahlt.

Über Nacht sind tiefe Wolken über die Hochebene Kabuls gezogen. Es regnet. Seit 20 Jahren sind in den Wintermonaten nicht mehr so viele Niederschläge gefallen. Haben wir Friesen (aus Varel) den Regen mitgebracht? Das Zähneputzen unter einem notdürftigen Regenschutz macht bei Temperaturen um den Gefrierpunkt selbst natur- und wasserverbundenen

Friesengewächsen nicht sonderlich viel Spaß.
Sieben Uhr. Dienstbeginn. Mein Kraftfahrer streift seine Schutzweste über. Das Ding ist störrisch und 16 kg schwer. Waffen werden fertig geladen, das ist Vorschrift beim Verlassen des Camps. Ein letzter Blick auf die Karte. Die Eintragungen geben nicht viel her. Das Koordinatenraster ist veraltet, was das Orientieren mit Satellitennavigation nicht erleichtert.
Ich begebe mich mit meinem Fahrer zum ersten Mal in die Stadt. Für den Blick auf die Karte bleibt während der Fahrt keine Gelegenheit. Die Straßen sind verstopft von klapprigen Lkws, schrottreifen Autos, sperrigen Eselskarren, Rikschas und einem Heer eilender Menschen, die alle irgendwie auf der Flucht zu sein scheinen. Alle Straßen sind in einem katastrophalen Zustand, der selten mehr als 30 Stundenkilometer zuläßt. 50 km kommt in den engen Gassen wie 80 vor und macht uns zu Kamikaze-Fahrern. Schmutz und Unrat wo das Auge hinfällt. Um den Zustand Kabuls zu beschreiben, fehlen mir die Worte.
Das Gedränge verdichtet sich. Männer treiben Handel mit dem Wenigen, das ihnen geblieben ist. Kinder necken sich. Andere stehen im Rinnstein, winken oder betteln um Süßigkeiten. Frauen tragen nach wie vor die Burka und huschen auf Pumps über eine Melange aus Schlamm und Abfall. Waffen fallen im Stadtbild nicht auf. Viele Männer treten nicht ohne Schießprügel aus dem Haus. Afghanische Sicherheitskräfte tragen grüne Filzuniformen, behängt sind sie mit russischen Kalaschnikows unterschiedlicher Bauart. Seit Monaten sind sie nicht bezahlt worden. Keiner der Offiziere weiß, wie die Polizisten zu ent-

lohnen sind. Da behalten sie das Geld lieber erst einmal für sich. Das miese Wetter legt sich wie ein Mühlstein auf Stadt und Bewohner.

Im Lager wird sich bei der Operationsführungszentrale, die jede Fahrt überwacht, zurückgemeldet. Force Protection, der so genannten Eigensicherung, wird ein hoher Stellenwert eingeräumt. Vier Wachtürme sichern das 600x200 Meter große Feldlager. An der doppelt gesicherten Eingangsschleuse herrscht hektisches Treiben. Fahrzeuge unterschiedlicher Nationen streben rein und raus, Passierscheine und Aufträge müssen kontrolliert werden. Schranken gehen auf und zu. Deutsche teilen sich das Lager mit Österreichern, Niederländern, Dänen, Briten, Spaniern, Finnen, Bulgaren und Rumänen. 200 Locals, das ist die offizielle Bezeichnung für einheimische Arbeitskräfte, kommen und gehen zum Putzen, Müllentsorgen und Dolmetschen. Ob Soldat oder Zivilist, jeder wird am Tor scharf kontrolliert. Nicht auszudenken, wenn es dem Feind gelänge Selbstmordattentäter ins Camp zu schmuggeln!

Der Feind? Wer ist das? Wie sieht er aus? Fanatische Taliban oder Al-Qaida-Terroristen? Er trägt keine Uniform. Er ist getarnt, unter Pluderhosen, weiten Gewändern, unter Turbanen oder hinter langen Bärten. Müssen wir kollektiv verdächtigen?

Morgenröte färbt Schleierwolken. Die schneebedeckten Berggipfel werden in zartes Rosa gehüllt. Es wird ein schöner Tag. Beim Frühstück kauert ein „Local" am Tisch gegenüber. Unter seinen Tüchern versteckt sich ein bärtiges, von Entbehrungen gezeichnetes Gesicht. Sein Blick wirkt finster, resignierend. Was mochte ihn um seine Jugend betrogen haben? Die

Zeit als Guerillakämpfer, als Mudschaheddin, als Soldat der Sowjets? Einer unter vielen vom Krieg traumatisierten Afghanen. Können wir diesen Menschen wirklich helfen? Ja, wir können und werden!
Die nächste Patrouille ist marschbereit, um im Polizeidistrikt 11 Verbindung aufzunehmen. Wir werden gemeinsam mit den afghanischen Sicherheitskräften in den Straßen patrouillieren. Unsere Unimogs rollen, vom Staub umhüllt, durch ein Geflecht unbefestigter Straßen. Hinter Sonnenbrillen, von Schals umhüllt, in Schutzwesten verpackt wird das ewige Treiben beobachtet. Für uns sind die Fahrten kleine Triumphzüge. Wo wir auftauchen umrennen, umtanzen uns Hundertschaften begeisterter Kinder. Männer lächeln, manche legen zum Zeichen der Ehrerbietung die rechte Hand aufs Herz und deuten eine Verbeugung an. Sogar verschleierte und unverschleierte Frauen riskieren Blicke, wenn wir vorbeirollen.
Seit geraumer Zeit trocknet stechende Sonne das letzte Nass vergangener Tage. Ohne Schutz verdorrt die Haut und verbrennt. In der staubtrockenen Luft entzünden sich die Nasenschleimhäute, sie reißen auf, eitern... Aber wir tun unser bestes und es wird alles gut. Zum Abschluss etwas Positives: Nach radikalem Schulverbot unter den Taliban wurden am Dienstag 15 von Deutschland finanzierte Mädchenschulen eröffnet. Über 10 000 Mädchen und Frauen strömten in provisorisch wieder hergestellte Klassenzimmer.
Viele liebe Grüße
Euer Gerd

Am siebten März sickerte Näheres zum Tod der Soldaten in Kabul durch: Bei einem schweren Explosionsunglück waren zwei Bundeswehr- und drei dänische Soldaten getötet und acht verletzt worden, zwei davon lebensgefährlich. Um 17.15 Uhr Ortszeit wurden plötzlich sämtliche Funksprüche der ISAF von einem Notruf unterbrochen, alle Einheiten in höchste Alarmbereitschaft versetzt. „Blaulicht" hieß das einzig verständliche Codewort. Nach Minuten quälender Ungewissheit wurde bekanntgegeben: Auf einem Sprengplatz in Sichtweite des ISAF-Camps explodierte eine alte russische Flugabwehrrakete beim Versuch diese zu entschärfen. Es gehörte zur täglichen Übung, dass Spezialeinheiten Minen, Fundmunition und Blindgänger drei Kilometer nördlich des Lagers sprengten. Zum ersten Mal kam es dabei zu einem tragischen Unfall. Wie konnte das geschehen? Waren Leichtsinn oder Unwissen im Spiel? Mangelte es dem Kampfmittelräumdienst an Instruktionen beim Entschärfen russischer SA-3-Boden-Luft-Raketen? Offene Fragen. Verschwommene Antworten.

Feldpost-Brief
Kabul, 23.3.2002

Liebe Eltern,
diese Zeilen hätten eigentlich vor drei Wochen ankommen sollen. Leider sind mehrere Briefe meiner ersten Tage in Afghanistan verloren gegangen. Nun, im Grunde hat sich nach meiner ersten Post vom 3. März nichts Wesentliches geändert.
Inzwischen hatten wir heiße, trockene Tage, in denen sich der eine oder andere Kamerad einen Sonnen-

brand zugezogen hat. Jetzt gießt es wieder. Schlamm klebt an den Stiefeln.

Den Sprengunfall kann ich nicht kommentieren. Die deutschen Medien haben sich im übrigen umfassend darüber ausgelassen. Der ISAF-Untersuchungsbericht ist als „streng geheim" eingestuft worden, damit für die Öffentlichkeit unzugänglich.

Am 21. März begann das afghanische Neujahrsfest. Die Propheten sagen, dass das Jahr 1381 hiesiger Zeitrechnung ein ganz besonders gutes werden wird. Auch wir glauben daran und wünschen es den Afghanen von Herzen.

Der Regen kommt dem Boden und der bevorstehenden Ernte zugute. Einige Felder stehen schon im saftigen Grün. Sie bilden einen erquickenden Kontrast zur sonst so farblosen grauen Umgebung. Wie emsige Ameisen zieht das Landvolk an die Berghänge, auf die Äcker. Nahe Hügel werden von türkisblau wehenden Burkas überzogen, als habe der Verpackungskünstler Christo die Erde eingewickelt. Meine Patrouillen kämpfen sich redlich durch grundlosen Morast. Der große Unsicherheitsfaktor, Gulbuddin Hekmatyar, hat nicht zugeschlagen. Die Lage ist ruhig.

In den nächsten Tagen wird der König zurück erwartet. Die Bevölkerung verspricht sich viel von seiner Heimkehr. Hoffentlich wird sie nicht enttäuscht. Gestern fand eine erste Erkundung in den künftigen Gemächern des Königs statt. Es ist ein zweistöckiger Bungalow, mit einem Schwimmbad in einer grünen Wiese, alles umgeben von hohen Mauern. Das Haus und der Pool müssen noch in Stand gesetzt und so weit möglich, mit königlichem Glanz versehen werden. Das Anwesen liegt in unmittelbarer Nachbarschaft der deutschen Botschaft, so dass wir eine ziemlich hohe Sicherheit gewährleisten können. Aus Sorge vor möglichen Autobomben wurden die angrenzenden Straßen gleich mit gesperrt und durch Posten bewacht.

Samstagnachmittag rauschte eine Eskorte mit dem Übergangspräsidenten Karsai an unserer Camp-Wache vorbei. Aus einem nagelneuen 600 Daimler der S-Klasse entstieg der wohl bestbewachte Mann Afghanistans, um sich im Bundeswehr-Feldlazarett am Allerwertesten behandeln zu lassen. Ob ihn Hämorrhoiden plagen? Die machten auch Napoleon das Leben sauer.

Apropos Napoleon, sagte er nicht: „Mit Bajonetten kann man fast alles tun, nur nicht darauf sitzen." Sitzt Karsai auf unseren Bajonetten? Für Mitte vierzig sieht er ganz schön alt aus, was wohl der Bart und die Fellkappe ausmachen. Wie lange er sich halten mag? Ihm fehlt die Hausmacht, wahrscheinlich auch der Rückhalt in der Bevölkerung. Seine Stärke ist der Zugriff zu den Geldtöpfen der westlichen Welt.

Seit der Petersbergkonferenz heißt es, Karsai sei der kleinste gemeinsame Nenner. Die Wahlen werden es zeigen. Clanführer sind im Land die wirklich Mächtigen. Und daran kann die ISAF mit rund 5000 Soldaten wenig ändern.

Der Tag beginnt für mich um 6.00 Uhr bei Sonnenaufgang. Mit Rasier- und Waschutensilien im Arm geht's raus aus dem Zelt, hinüber zum Waschcontainer. Dieser besteht aus kombinierten Wasch-Dusch-Boxen und Toiletten. Komfort – fast wie zu Hause.

Nach der Morgentoilette gibt's ein reichhaltiges Frühstück mit Schwarzbrot, Marmelade, Cornflakes, Kaffee, Tee, Milch und Früchten. Vor fünf Tagen wurde sogar Rosinenbrot angeboten. Leider ist die letzte Ladung verdorben in Kabul angekommen, was einige Kameraden bitterlich beklagen.

Gestärkt habe ich bis 9.00 Uhr organisatorisches zu erledigen: Planungsarbeit für die nächsten Arbeitstage meiner Männer. Erledigen des üblichen Papierkriegs, das ist halt in jeder Organisation vonnöten. Dann ruft der „Präsi“, mein Bataillonskommandeur zur Chefbesprechung von 9.30 bis 10.30 Uhr. Für das, was jeweils anliegt, zieht er das Meeting kurz und knackig durch. Dabei werden die letzten 24 Stunden erörtert, besondere Vorkommnisse gemeldet, dann die nächsten Aufträge erteilt. Eine Menge Arbeit für die wenigen Männer, die uns zur Verfügung stehen. Aber wir machen das Beste daraus und kommen ganz ordentlich klar. Wichtig ist, dass Moral und Stimmung der Truppe gut bleiben. Nicht selbstverständlich bei dem ungewohnten Lagerleben und dem langen Einsatz hier. Sechs Monate in einem Camp in Afghanistan ist eine echte Härteübung – Lagerkoller nicht auszuschließen.

Ab 11.00 Uhr verteile ich die Aufträge an meine Männer. Das sind zwei Infanteriezüge und ein „schwerer“ Zug, ausgestattet mit dem Waffenträger „Wiesel“, das ist ein Minipanzer. Schwierigkeiten bereitet der Informationsfluss. Manche Informationen gehen durch die unterschiedlichen Instanzen verloren, bisweilen fehlen Hintergründe, um schnell und richtig entscheiden zu können. Es wird aber von Tag zu Tag besser.

Nach einem leichten Mittagessen aus Brot und Suppe begleite ich eine Patrouille, inspiziere andere Dienste oder fahre zu einem der örtlichen Polizeichefs für Lage- und Dienstbesprechungen. Wenn ich nachts mit auf Patrouille gehe, versuche ich nachmittags einige Runden im Lager zu joggen. Was bei dem Betrieb, dem Staub und der Höhe (Kabul liegt auf 1800 Metern) nicht so einfach ist. Abwechslung bringen Übungsschießen auf einer Bahn im Gelände oder Patrouillen mit dem Kommandeur. Zwei Mal pro Woche hat meine Patrouille Pressebegleitung aus Deutschland und anderen Ländern. Scheint einen besonderen Reiz für die Journalisten zu haben, so ordnungshütend durch Straßen und Gassen zu streichen. Nachts bekommt das Ganze einen zusätzlichen Thrill. Meine Männer ertragen die ewig gleichen Reporterfragen stoisch-ruhig, immer gut gelaunt. Der „Focus“ begleitete gerade eine Gruppe sieben Tage und wird eine Reportage über den Alltag in Kabul bringen.

Mit Nachrichten werden wir übrigens recht gut versorgt. Morgens kommt der Pressespiegel aus Deutschland per Fax mit einer Zusammenfassung, was so in der Heimat und dem Rest der Welt passiert. Nun haben wir gleich 24.00 Uhr. Ich muss Morgen fit sein und sage gute Nacht.

Viele Grüße auch an Bruderherz Klaus,

Euer Gerd

Gerds Briefe aus der Ferne beruhigten uns. Kabul scheint, von aufflackernden Gewalttaten abgesehen, befriedet. Medienberichte aus dem Süden und Osten des Landes hingegen sprachen eine andere Sprache.

Der Märzbeginn war von großen Luft- und Bodenoffensiven der Allianz gegen Taliban- und Al-Qaida-Nestern gekennzeichnet. US-Kampfjets und -hubschrauber bombardierten Ziele in der Provinz Paktia, während 1500 kanadische, amerikanische und afghanische Soldaten am Boden vorrückten. 500 Taliban-Kämpfer setzten sich mit Artillerie, Mörsergranaten, Maschinengewehrfeuer zur Wehr und sorgten für Tote und Verwundete unter den Soldaten. Man schätzt, dass noch 6000 Ausländer auf afganischem Boden auf Seiten der Taliban kämpfen.
In der ostafghanischen Provinz Kunar wurden sieben Männer getötet, nachdem sie in Jalalabad der Kommission für die Einberufung der Loya Jirga verhandelten. Störtrupps wollen offensichtlich das Zu Standekommen einer neuen Regierung mit aller Kraft verhindern.
Verärgerung und Unmut in der deutschen Regierung lösten amerikanische Informationen aus, die bekanntgaben, dass auch deutsche Einheiten an der neuen Großoffensive gegen Al-Qaida beteiligt seien. Der Sprecher des Verteidigungsministeriums hätte sich gewünscht, dass Informationen über den Einsatz deutscher Kräfte nicht in dieser Form bekannt gemacht werden. Das Schweigen des Ministeriums begründete er mit der Notwendigkeit, die Operationen des Kommandos Spezialkräfte (KSK) zu schützen. In Wirklichkeit sind Berichte über Kampfhandlungen unter deutscher Beteiligung äußerst unwillkommen. Informationen zu heißen Einsätzen werden lieber geheim gehalten. Befürchtungen, dass Terroristen Anschläge auf das deutsche Feldlager in Kabul konzentrieren, sind sicher nicht aus der Luft ge-

griffen, wenn der Gegner von Kommandoeinsätzen der Deutschen erfährt.
Die Offensive nahe der Stadt Gardez (Provinz Paktia) dauerte nun schon mehrere Tage und stieß auf erbitterten Widerstand. Das Taliban-Regime ist zwar gestürzt, trotzdem versuchen antiwestliche Guerillas in mehreren Teilen des Landes, sich neu zu formieren. US-Luftangriffe erlebten Verluste, als Piloten und Soldaten aus Erdlöchern beschossen wurden. Mindestens sieben Amerikaner wurden getötet, ein Hubschrauber abgeschossen, ein weiterer beschädigt. Der Vorstoß war schlecht vorbereitet und daher zurückgeworfen worden... Fast zur gleichen Zeit deckte der afghanische Geheimdienst ein Komplott gegen die Übergangsregierung auf. 300 Verdächtige wurden in und um Kabul festgenommen. Sie sollen mehrere Bombenanschläge in der Hauptstadt geplant haben. Polizeichef Mohammad Dschurat behauptete, es handele sich um Sympathisanten des berüchtigten Islamistenführes Hekmatyar, einem erklärten Feind Karsais nebst Übergangsregierung. Er betrachtet Karsai als Vasallen der Amerikaner und Tadschiken. Hekmatyar gilt mit seinem radikal-islamischen Gedankengut als Wegbereiter der Taliban. Wie Karsai, ist auch er Paschtune, doch skrupellos versucht der ehemalige Mudschaheddin-Kommandeur und brutale warlord seine eigenen Machtgelüste zu befriedigen, dabei nimmt er in Kauf, Afghanistan in den Abgrund zu stürzen. Ihn und Osama bin Laden haben die Amerikaner jahrelang trefflich unterstützt und mit modernen Waffen versorgt. Die Quittung dafür ist ein hoher Blutzoll!

ISAF-Feldpost-Karte
Kabul, 24. März 2002

Liebe Eltern,
viele Ostergrüße aus dem fernen Afghanistan. Langsam beginnen die Vorbereitungen für die Osterfeierlichkeiten. Von der türkischen Feldbäckerei werden wir einen Osterzopf bekommen. Lecker!
Ein Osterfeuer wird auch lodern. Die Neujahrsfeier der Afghanen am 21. März verlief im Großen und Ganzen ruhig. Völkerscharen zogen nach alter Sitte zum Feiern in die Berge. 100 000 Menschen versammelten sich im Stadion, wo Karsai einen drei Meter hohen Gedenkstab aufstellen ließ. Für Besinnlichkeit bleibt wenig Zeit. Aber wir freuen uns mit den Menschen, die endlich wieder in der Öffentlichkeit feiern dürfen. Der Beginn des neuen Schuljahres war besonders für die Mädchen ein großes Ereignis. Erstmals seit sechs Jahren dürfen sie wieder zur Schule gehen und lernen.
Das Leben in der Stadt normalisiert sich. Trotzdem dürfen wir nicht vergessen, dass Kabul eine Insel innerhalb eines Landes darstellt in dem noch gekämpft wird.
Mandelbäume beginnen zu blühen, manchmal fällt sogar warmer Regen, Felder zeigen zaghaft Grün, auf den Basaren schlagen orientalische Wohlgerüche in Gestank um, wenn die Sonne sticht. Es wird Frühling!
Gestern huschte eine Schlange in mein Zelt und wollte es nicht mehr verlassen. Nach dem Vorfall untersuche ich meinen Schlafsack noch sorgfältiger

und klopfe morgens die Stiefel aus. Es könnte sich ja auch mal ein Skorpion verlaufen...
Herzlichen Dank für Eure Post.
Grüßt die Heimat, alles Liebe
Euer Gerd

Feldpost-Brief
Kabul, 27. März 2002

Liebe Eltern,
vielen Dank für Euer schönes „Carepaket“. Ob ich zum Lesen der vielen Bücher komme, glaube ich allerdings nicht. Die Freizeit ist knapp bemessen und die innere Unruhe noch gross. Es gibt einfach immer etwas zu prüfen, zu kontrollieren, zu bedenken. Das Umfeld ist für uns fremd. Falsche Entscheidungen haben schnell Auswirkungen auf Leib und Leben der Kameraden. Ich fahre oft mit der einen oder anderen Patrouille durch die Stadt, um mir ein persönliches Bild von der Lage zu machen. So lässt sich das Unsicherheitspotential am besten abschätzen. Erste interessante Gespräche konnte ich bereits mit den Distriktleitern der einzelnen Polizeireviere führen. Dabei kamen unsere unterschiedlichen Mentalitäten zum Ausdruck. Um etwas zu bewirken, muss ich gewaltig umdenken! Gastfreundschaft ist ein ehernes Gesetz. Also muss man sich für die Gespräche Zeit nehmen. Dazu gehört immer ausgiebiges Teetrinken und Lutschen russischer Bonbons. Für mein Besprechungsprogramm mit 40 Punkten, die rasch abgehandelt werden sollten, hatten die bärtigen Schutzmänner nur ein mitleidiges Lächeln. In den gegerbtverschlossenen Gesichtern ist schwer zu lesen, ob sie

überhaupt bereit sind mit meinen Leuten oder allgemein mit der ISAF zusammenzuarbeiten. Selbst wenn sie es ehrlich vorhaben, wird es schwer sein, da ihnen einfach Macht und Autorität fehlen, Recht und Ordnung durchzusetzen. Macht haben die bewaffneten Banden. Die treiben unter der Zivilbevölkerung ihr Unwesen.

Papas Interview als Welt-Artikel geht unter die Haut. Vor allem, wenn man alles vor Ort mitgekriegt hat. Wir saßen zum Unglückszeitpunkt mit dem evangelischen und katholischen Militärpfarrer auf der Terrasse, als mich über Funk die Nachricht vom Unglück auf dem Sprengplatz erreichte. Noch war das Ausmaß unbekannt. Doch rasch wurde klar, dass der Sprengtrupp Tote zu beklagen hatte. Von meinen Leuten war niemand dabei, wohl aber vom Bataillon: Drei Hundeführer, ein Feldwebel aus dem Stab und sein Kraftfahrer wurden verletzt. Die Verletzten konnten inzwischen aus dem Bundeswehrkrankenhaus Koblenz entlassen werden.

Unterdessen sind mir Details zum Unglück bekannt. Ich behalte sie aber für mich, in der Hoffnung, dass Vorkehrungen getroffen werden, die künftig solche tragischen Ereignisse ausschließen.

Zur Zeit gibt's Unstimmigkeiten wegen des Missverhältnisses „aktive Truppe" zu Stabs- und Versorgungseinheiten. Von den 1000 deutschen Soldaten stellt die Infanterie lediglich 250 Mann. Der Tross aus Verwaltung und Versorgung sitzt in der Sonne, während meine Jungs in voller Montur mit umgeschnallter schwerer Schutzweste im staubigen Kabul patrouillieren. Da kommt Unmut auf.

Aber vor dem Stabsgebäude stehen nagelneue Flag-

genmasten. Als nächstes sollen Straßenschilder eingeflogen und mit deutscher Gründlichkeit Einbahnstraßen und Halteverbotszonen ausgeschildert werden. Bin gespannt, wer sich daran hält.
Aufschlussreich finde ich, wie Armeen, die in Auslandseinsätzen erfahrener sind, den Afghanistaneinsatz organisieren: minimaler Stab, Logistik aufs nötigste beschränkt, Betreuung nur im Bedarfsfall ... dafür geht es nach drei Monaten nach Hause, was für Soldaten und Moral das Wichtigste ist. Doch ich bin sicher, mit der Häufigkeit der Einsätze lernen wir diese Flexibilität auch. Für meine Begriffe haben über 100 Antonovs bisschen viel „Krempel" eingeflogen. Die übrigen Antonovs 124-100 sind Frachtmaschinen, die sich die Bundeswehr von der Ukraine ausgeliehen hat. Unser Lager ist randvoll mit Jeeps, Lkws, Sattelschleppern, Kränen, schwerem Pioniergerät. Erstaunlich, mit wie wenig die Briten auskommen. Brauchen wir alles? Gerätschaft, die sich gut als Gastgeschenk eignet.
Mir geht es gut. Habe toi, toi, toi weder Erkältung noch andere Beschwerden. Etwas mehr Sport bräuchte ich. Leider hat es in den letzten Tagen viel geregnet und das Camp Warehouse ist eingeschlammt. Überhaupt ist der Dreck unser schlimmster Gegner. Ab Montag werden wir mit Malaria-Profilaxe, Insektenspray und Mückennetzen versorgt. Gleich fahre ich mit dem „Präsi" raus und schaue, was die britischen Freunde so treiben.
Liebe Grüße
Euer Gerd
P.S.: Hat Euch eigentlich mein erster Brief vom 3. März erreicht?

Feldpost-Brief
Kabul, 29. März 2002

Liebe Eltern,
in der Provinz Baghlan, 250 Kilometer nördlich von uns hat am Abend des 25. März die Erde gebebt. Seismologen maßen Stärken zwischen fünf und sechs der Richterskala. Wieder kam Leid über leidgeprüftes Land. Etwa 2000 Menschen starben, viele Tausend wurden verletzt und 100 000 sind Obdachlos. Die Vereinten Nationen organisierten die internationale Hilfe. Auch die ISAF stellte ein Kontingent „Task Force Human Aid“ für eine Soforthilfe zusammen.
128 Mann, darunter Ärzte mit 41 Fahrzeugen verließen Camp Warehouse mit Zelten, Wolldecken, Verpflegung, medizinischer Ausrüstung und anderen Gütern, mit dem Auftrag, im Zentrum des Bebens, Nahrin, zu helfen. Aus meiner Kompanie konnte ich Kraftfahrer und Beifahrer abstellen. Wie ich erfuhr, hatte es schon allein die Marschstrecke in sich: Über den 3500 Meter hohen Salangpass und durch den höchstgelegenen Autotunnel der Welt querte man den Hauptkamm des Hindukusch. Die Passstrecke wurde einst von den Russen angelegt, allerdings zeugte der Straßenzustand von 25 Kriegsjahren. Gesprengte Brücken wurden auf Furten und abenteuerlichen Behelfsbrücken umfahren. Immer schwang die Angst vor der verminten Strecke mit.
Die Vorhut meldete: „Tunnel dicht“. Laster hatten sich verkeilt, waren ausgefallen, zwei umgekippt, Fahrer spurlos verschwunden. In mühevoller Arbeit räumte die ISAF den Tunnel für die Weiterfahrt. Leicht vorzustellen, wie mühsam sich die Kolonne

durch die schwarze Röhre schob...
Auf der Nordseite gaben sich Schneebretter und Sonnenstrahlen die Hand. Blühende Mandelbäume auf grünen Wiesen empfingen die Helfer. Im Ort Pole Komhri wurde der Konvoi von Tausenden bejubelt. Der zog weiter durch grundlose Schlammlöcher, Sprengtrichter, über Trümmerhalden. „In Afghanistan gibt es keine Straßen, nur Richtungen“, kommentierte ein Dolmetscher das Chaos. Nach 36 Stunden wurde der Platz erreicht, an dem das Feldlager zu errichten war. Die Zeit drängte. Noch während das Lager aufgebaut und die zerstörten Dörfer ringsum erkundet wurden, operierten unsere Ärzte die ersten Schwerverletzten des Erdbebens. „Die hoffnungsvollen Blicke der Menschen vertrieben unser Schlafbedürfnis“, berichtete mein Fahrer.
Ich halte es für wichtig, euch diesen humanitären Einsatz mitzuteilen. Sicher erfahrt ihr im Detail durch die Presse, dass im Süden und Osten des Landes nach wie vor heiße Kämpfe um die Widerstandsnester der AL-Qaida toben. Ich kann diese nicht beurteilen und enthalte mich eines Kommentars.
Macht Euch keine Sorgen, was da alles über Kabul und Afghanistan zu lesen, zu hören und zu sehen ist, darf Euch nicht aufregen – Kabul ist ruhig.
Liebe Grüße, natürlich auch immer an meinen Schatz,
Euer Gerd

ISAF-Feldpost-Brief
Kabul, 03. April 2002

Liebe Eltern,

gestern wurde ich toll überrascht! Ich kam mit dem Spieß (Kompaniefeldwebel) vom Frühstück ins Zelt zurück. Da empfing mich die Kompanieführungsgruppe mit einem feschen Geburtstagsständchen. Teelichter standen auf dem Tisch und führten leuchtend vor Augen: wieder ein Jahr älter geworden! Als Geschenk beglückte man mich mit einem Schachspiel aus Marmor. Ich konnte mich bestens revanchieren. Und zwar mit Deiner herrlich-saftigen Sachertorte, Mama, die die 6000 km hierher gut überstand. Vielen Dank dafür! Sie wurde in null Komma nix verputzt. Am Abend gab's noch eine kleine Geburtstagsparty mit Bier, Wein und Hähnchenschenkeln. Ein schöner Tag klang aus.
Ach ja, von den Unteroffizieren bekam ich noch eine Paschtunenkappe. Fehlt mir nur noch der Rauschebart.
Heute ist wieder strammer Dienst angesagt. Aufträge prasseln nur so herein. Über Leerlauf oder Langeweile können wir uns nicht beklagen. Besser wär's, wenn man etwas planen könnte. Andererseits soll das Improvisieren nicht verlernt werden.
(Vor drei Tagen konnte ich Bagram inspizieren. Ein beeindruckendes US-Kontingent hat sich dort etabliert!)
Bis bald wieder und liebe Grüße
Euer Gerd

Der König: Als 18-jähriger musste er 1933 den Thron besteigen, wenige Stunden nachdem sein Vater ermordet wurde. Als Mohammed Zahir Schah regierte er 40 Jahre den bettelarmen Staat am Hindukusch im Dauerkonflikt mit konservativen Feudalherren und störrischen Clanchefs. Vorsichtig wagte er Reformen: Grundrechte auch für Frauen, Verzicht auf Verschleierung... Uneinigkeit ist Afghanistans Krebsgeschwür. Den einen gingen die Reformen zu weit, den anderen nicht weit genug. Während der König 1973 auf Ischia auf Fangopackungen kurte, puschte sein Vetter Daud, der „rote Prinz" und setzte ihn ab. Zahir blieb gleich in Italien, wo er jetzt seit 29 Jahren und 87-jährig als Ex-König im römischen Exil lebt.

Seit von ihm zu hören war, dass er nur noch einmal umziehen werde und zwar heim nach Kabul, ist die Anhängerschaft im Volk begeistert. Seine Gegner, damals noch die Taliban, schmiedeten Mordpläne. Mohammed Omar, der einäugige Mullah von Kandahar und Taliban-Führer, drohte: „Täusche dich nicht, Zahir, wenn du afghanischen Boden betrittst, wird das Volk dich einfangen und töten!" Mittlerweile ist des Mullah Regime zerschlagen worden und Mohammed Oma flüchtig. Doch die Taliban operierten aus unzugänglichen Verstecken. Zu gern würden sie den König liquidieren!

Dessen ungeachtet, arbeitete der freundliche alte Herr mit Glatze, weißem Oberlippenbart, gewaltiger Nase und klugen Augen im fernen Italien an seinem Comeback. Nicht als König, aber als Mittler zwischen den Volksgruppen, als Integrationsfigur – in der Hoffnung, dass die Mission glücken möge. Er korrespondierte mit Diplomaten, Exil- und amtierenden Politikern, besonders mit internationalen Hilfsorganisationen, bemühte sich um Experten und Hilfe für den Wiederaufbau, machte Vorschläge zu einem Regierungsprogramm: Afghanistan soll frei und offen, die Frauen vom Verhüllungszwang und der Prügelstrafe befreit werden, statt dessen lernen und arbeiten dürfen. Selbst Kunst und Kultur machte er zu seinem Anliegen: Die von den Taliban im März 2001 gesprengten Buddha-Riesen von Bamian, 1500 Jahre alt, möchte Zahir Schah wieder herstellen lassen. Noch fehlte das Geld für all die schönen Vorhaben. Doch der Tag X seiner Heimkehr rückte näher. Er fühlte es.

Auch die Bevölkerung im Wüstenstaat fühlte es, wo der König zum Hoffnungsträger reifte. Die Großväter erzählten in Stadt- und Dorfruinen Legenden aus der guten alten Zeit mit ihrem König. Und die Jugend bekam nicht genug von den „Märchenstunden“, in denen Asphaltstraßen, Schulen, Krankenhäuser, Kinos, Theater, Universitäten vorkamen. Und dass ihr Paschtunen-Fürst von den Großen der Welt eingeladen wurde, beeindruckte sehr. Damals gingen Bilder um, die Zahir Schah mit Bundespräsident Heinrich Lübke oder gar mit Präsident John F. Kennedy bei einem Galadinner im Weißen Haus zeigten.

Es war schon so, plötzlich wurde der Greis von gestern für die Versöhnung dringend gebraucht. Als Adviser, um die traditionelle, große Versammlung Loya Jirga, mit 1500 Vertretern aller politischen, religiösen und ethnischen Gruppen, zusammenzuführen, zu beraten. Aber „die Zeit der Monarchie ist vorbei“, waren seine Worte in Italien.

Dann kam die Stunde der Heimkehr. Hamid Karsai persönlich holte den greisen Ex-König mit einer italienischen Militärmaschine aus Rom ab. Das Flugzeug war besonders geschützt, um möglichen Raketenbeschuß zu verhindern. 700 Soldaten und 150 Polizisten sicherten die Ankunft Zahir Schahs. Kabuls Flughafen wurde weiträumig abgeriegelt, als er am 19. April 2002 vormittags einschwebte. Sicherheitsmaßnahmen, die notwendig waren, denn das Leben Zahirs ist höchst gefährdet. Saboteure des Friedens- und Demokratisierungsprozesses wünschen sich den Ex-Monarchen, aber auch Hamid Karsai, lieber heute als Morgen unter den Toten. Kräfte der Destabilisierung gibt es inner- und außerhalb des Landes. Ihre Gründe sind vielfältig: Machtgelüste, Drogengeschäfte, ethnische Rivalitäten. Tadschiken, die innerhalb der Regierung die wichtigste Kraft darstellen, argwöhnen dem wachsenden Einfluss königstreuer Paschtunen. Iransympathisanten, Anhänger der Nordallianz, Taliban der Provinzen Khost und Paktia zerren am fragilen Regierungsapparat der Hauptstadt. Das Land ist alles andere als stabil.

Im Juni soll vom König eine neue Loya Jirga eröffnet werden. Damit wird die Phase der endgültigen Regierungsbildung eingeläutet. Kanzler Gerhard Schröder plant einen Staatsbesuch im Juni. Alles Ereignisse, die Sicherheitskräfte skeptisch und höchst besorgt kommen sehen.

Feldpost-Brief
Kabul, 19. April 2002

Liebe Eltern,
nun ist er wieder da, der ehemalige König von Afghanistan! Zu seinem Schutz wurden alle ISAF-Kräfte zusammengezogen. Meine Fallschirmjäger-Kompanie stellte die schnelle Eingreifgruppe auf dem Flugplatz, für den Ernstfall. Um fünf Uhr aufgestanden, „kochten" wir vier Stunden in der prallen Sonne auf dem Beton des internationalen Airport Kabuls. Endlich erschien der von vielen Afghanen lang Ersehnte. Er landete in einer Herkules Militärmaschine der Italiener. Auf dem Flugplatz wogte eine unübersehbare Menschenmenge. 900 geladene Gäste, unzählige Pressevertreter von Zeitung, Rundfunk bis Fernsehen ... und wir mitten drin. Hoffentlich geht alles gut!
Kaum war der grasgrüne Umhang Karsais in der offenen Herkulestür zu sehen, brauste ohrenbetäubender Applaus auf. Als letzter entstieg, in brauner Lederjacke mit sandfarbener Schiebermütze auf dem Kopf, von Bodyguards eingerahmt, Ex-König Zahir Schah der Maschine. Kaum am Boden, wurde der Greis von der Menge regelrecht an der afghanischen Ehrengarde vorbeigeschoben. Er wirkte etwas irritiert, dennoch froh und entschlossen. „Ich komme als ganz normaler Bürger", war zu vernehmen. Zahlreiche Würdenträger drängten heran, um ihn willkommen zu heißen. Aufgepflanzte Bajonette der Garde wankten wie Ähren im Wind. Alles drängte und schubste, um einen Blick zu erhaschen. Lakhdar Brahimi, UN-Gesandter für Afghanistan, selbst der

berüchtigte Usbekengeneral Raschid Dostum, begleitet von zahlreichen Clanchefs, versuchten ihren Ex-König bei strammer Haltung zu begrüßen, was total misslang.
Binnen Sekunden brachen alle Sicherheitsvorkehrungen zusammen. Die Polizisten waren viel zu neugierig, gaben ihren Posten auf und drängten sich um Zahir Schah. Wir hielten die Luft an. Ich dachte an Handgranaten und Selbstmordattentäter. Nichts würde das Land endgültiger zurück ins Chaos stürzen, als ein Mordanschlag in diesen Minuten!
Irgendwie gelangte der Tross an die wartenden Fahrzeuge, der König verschwand in einem gepanzerten Mercedes. Doch plötzlich stockte der Konvoi. Die Ausfahrt vom Flughafen war viel zu schmal. Was nun? Draußen und an den Straßen bis nach Kabul hinein jubelte, tanzte, sang das Volk - tobte vor Begeisterung. Noch verharrte die Autokolonne. Unser Sicherheitsplan geriet ins wanken. Eingreifen? Platz schaffen? - Nerven behalten, abwarten!
Und, oh Wunder, die Fahrzeuge setzten sich in Bewegung. Als wir schließlich erfuhren, dass der König seinen provisorischen „Palast" nahe der deutschen Botschaft erreicht hatte, löste sich unsere Anspannung. Mein Bataillonskommandeur und General von Butler waren erleichtert und zufrieden.
Inzwischen ist wieder Normalität eingekehrt. Lagersicherung und Patrouillentätigkeit charakterisieren den Alltag. Mit Macht nähert sich der Sommer. Um 9.00 Uhr haben wir bereits 20 Grad im Schatten, am Mittag klettert das Quecksilber auf über 30 Grad. Die ersehnte Sommerkleidung lässt noch auf sich warten. Wüstentarn-Kleidung werden wir nicht be-

kommen. Vielleicht auch ganz gut, anderenfalls wären wir leicht mit Truppen von „Enduring Freedom" zu verwechseln, was unserem guten Image nicht gerade förderlich wäre. So bleiben wir also auch im Sommer grün-schwarz gefleckt bei dünnem Tuch.
Heute habe ich bei Mohammed, dem Schreiner, mein Versprechen eingelöst und mit ihm Tee getrunken. Ein Mitbringsel, die ISAF-Zeitung, war leider ein Flop, er kann nicht lesen. Er hatte seine Werkstatt tip-top aufgeräumt und seinen Sohn mit ein paar Tausend Afghani (Landeswährung) losgeschickt, um Kekse zu kaufen.

1. Mai 2002

Tag der Arbeit! - Aber nur für Infanteristen und Fallschirmjäger. Meine Männer stehen heute in der Lagersicherung, das heißt sie besetzen einen Observation Point (Beobachtungsposten) in den Bergen an einer der Ausfallstraßen nach Bagram. Später werden wir die Stellungen im Camp erweitern. Wir sollen auch noch eine Schießmannschaft stellen und möglichst den Pokal gewinnen. Die Stabs- und Logistiktruppen können sich dafür am 1. Maifest erfreuen. Das Verpflegungszelt wurde eigens blau/weiß, in bayerischen Farben, geschmückt und der Tag zum „German Nation Day" erklärt. Abends soll eine große Party steigen. Unsere Betreuungseinrichtung „Drop Zone" wurde um einen Biergarten erweitert, zusätzlich ein Lkw-Anhänger zur Bühne umfunktioniert. Pfiffige Organisatoren trieben eine Musikanlage mit riesigen Boxen auf. Die Parole: „Two Can Role (zwei Bier am Abend) ist eine harte

Einschränkung. Ob da Stimmung aufkommt? Wir haben keine Zeit zum Feiern, dafür „dürfen" wir das Maifest der Küchenbullen und Schreibstubenhengste sichern...
Bis zum Kanzler-Besuch am 7. Mai haben wir erst einmal Ruhe. Nach einem strammen Gästeaufkommen in den letzten Tagen: von der Staatssekretärin Schultz über den Generalinspekteur Kujat und den Befehlshaber des Einsatzführungskommandos General Riechmann, war alles von Rang und Namen im Camp. Langsam macht sich nun auch in Deutschland die Ansicht breit, dass einfach zu wenig „grüne" Soldaten, das heißt ISAF-Kräfte hier unten sind. Die an uns gestellten Aufgaben sind einfach kaum zu bewerkstelligen.
Das Lagerleben wird erträglicher. Die e-mail-Verbindung hat sich eingespielt. Wir können zwei Mal in der Woche Wäsche zum Waschen bringen und der Proviant wird wieder vom Verpflegungsamt in Oldenburg organisiert. Ein Glück. Compiter, ein Privatunternehmen aus Hessen, hatte sich als unzuverlässig, bei schwankender Qualität, entwickelt. Wie heißt es so schön: nichts drückt die Stimmung stärker als wenig und schlechtes Essen!
Angenehm ist es, dass wir die Sandsäcke nicht mehr selbst füllen müssen. Lokale Helfer schippen für sechs Dollar pro Tag fleißig Sand. Das ist eine recht gut bezahlte Arbeitsbeschaffungsmaßnahme, die von den Männern der Umgebung gern wahrgenommen wird.
Unterdessen haben die ersten Soldaten den Einsatz aus persönlichen Gründen abgebrochen. Das muss nicht dramatisiert werden, zumal Ersatz nachkommt.

Einigen Kameraden fällt es sehr schwer für einen so langen Zeitraum getrennt von Familie, Freunden und Kindern zu sein. Insgesamt ist die Stimmung aber gut, auch wenn noch fast drei Afghanistan-Monate vor uns liegen.
„Glück ab!" und herzliche Grüße
Euer Gerd

Feldpost-Brief
Kabul, 22. April 2002

Liebe Eltern,
es ist ruhig. Bisweilen gespenstisch ruhig. Und Vorfälle der Vergangenheit geraten schnell in Vergessenheit, weil man sich auf das Jetzt und Morgen zu konzentrieren hat. Neulich beschossen etwa 30 afghanische Polizisten zwei britische ISAF-Posten, die das Feuer erwiderten. ISAF-Verstärkung nahm sieben der Angreifer fest. Ein merkwürdiger Vorfall. Waren das Terroristen in Polizeiuniform? Waren die Burschen im Drogenrausch oder solche, die bestochen worden waren? Wird wohl ein Geheimnis bleiben.
Unbekannte feuerten etwas später drei Raketen auf den Flughafen von Khost, wo US-Truppen stationiert sind. Ob der Angriff den Soldaten galt ist unklar. Ein anderer Zwischenfall ereignete sich etwas außerhalb unseres Lagers. Erstmals wurde Camp Warehouse mit zwei Raketen beschossen, die zum Glück irgendwo im Sand zu Boden gingen. Wer und ob deutsche Soldaten getroffen werden sollten, wird wohl auch nie geklärt werden. Gott sei Dank gab es bei den drei Zwischenfällen keine Verletzten. Im südöstlichen Afghanistan starten britische Marines

die „Operation Ptarmigan“ Sie sollen amerikanischen und afghanischen Truppen helfen nun endlich die letzten Widerstandsnester auszuheben. (Da die Aktion schon in der Zeitung stand, kann ich sie erwähnen.) Hoffentlich werden die Verstecke ohne große Verluste eingenommen.
Das war es für heute, alles Gute und herzliche Grüße
Euer Gerd

Ptarmigan heißt ein arktischer Vogel, der unter härtesten Bedingungen überwintert. Royal Marines vom „Commando 45“, aus dem schottischen Arbroath, sind jetzt nördlich von Kabul in Bereitschaft. Ihren Einsatz nennen sie passend „Operation Ptarmigan“ und es ist ihr erster Kampfauftrag seit dem Falkland Krieg vor 20 Jahren. Wie der Polarvogel sind die Marines für extreme Bedingungen geschaffen. Zur Ausbildung dieser Stosstrupp-Elite gehört die Operation in kleinsten flexiblen Einheiten. Den Kampf Mann gegen Mann aus dem Handbuch des Guerillakrieges, den beherrschen sie aus dem FF. Alles echte „Highlander“! Oberstleutnant Paul Harradine wurde auf dem Militärstützpunkt Bagram zu seinem Einsatz in Afghanistan befragt. seine Antwort war knapp: „Den Feind festnehmen, notfalls vernichten, anschließend die Gegend für terroristische Trainingszwecke unbenutzbar machen.“
Das Einsatzgebiet ist die Gebirgskette südöstlich von Kabul an der pakistanischen Grenze. Auf einer Höhe von über 3000 Metern in Schnee und Eis, bei Sturm und Frost, wartet auf die Soldaten ihre wohl gefährlichste Mission überhaupt. Einsatzzeit: mindestens neun Monate. Grenzüberschreitende Aktionen wird

Islamabad dulden. Eine Operation im Verborgenen. Ob wir jeh etwas über den Ausgang erfahren werden, ist zweifelhaft. Ich denke an Tom Carew, einst Mitglied der SAS (Special Air Service), eine ebenfalls auf Geheimoperationen spezialisierte Elitetruppe der britischen Armee, die um 1980 in Afghanistan zum Einsatz kam. Carew hatte die Mudschaheddin ausgebildet und an ihrer Seite gegen die Sowjets gekämpft. „In den Schluchten der Taliban" heißt sein Erfahrungsbericht und seine Warnung lautet: „Wenn es zu einem Bodenkrieg kommen sollte, dann hat der Westen in meinen Augen kaum eine Chance auf einen Sieg. Die letzte fremde Armee, die auf afghanischem Boden gesiegt hat, gehörte Alexander dem Großen. Alle anderen wurden geschlagen und vertrieben..."

Feldpost-Brief
Kabul, 3. Mai 2002

Liebe Mama,
herzlichen Glückwunsch zu Deinem Geburtstag. Wie ein altes Lied sagt, hast Du die schönsten Jahre noch vor Dir... „Mit 66 Jahren, da fängt das Leben an, mit 66 Jahren..." Leider wird Dich dieser Brief verspätet erreichen. Es gibt ein paar Probleme mit der Post. Trotzdem, feiert schön! Ich denke an Dich.
Schon traurig, dass auch das große Fest mit meinem Schatz durch den Einsatz hier ins Wasser fällt. Nach der standesamtlichen Trauung im Dezember hatten Christa und ich uns so sehr auf eine rauschende Hochzeit im Familien- und Freundeskreis gefreut...
Heute haben zwei Kameraden aus der Kompanieführungsgruppe Geburtstag. Mein Fahrer ist 24 ge-

worden und der Versorgungsdienst-Feldwebel 30 Jahre, mein Jahrgang. Der Morgen startete mit Himbeersahnetorte und Krim Sekt. Luxus, den es wirklich nur an besonderen Festtagen gibt. Über die Küche und die Verwaltung kann man bei „Supreme Foods" nahezu alles kriegen. Abends werden wir noch mit Nudelsalat und argentinischem Rindfleisch ein Barbecue veranstalten.
Hoffentlich gibt's keinen Sandsturm. Das trockenheiße Wetter macht uns zu schaffen. Ohne Sonnenbrille und Wasserflasche darf man dem Zelt nicht lange fern bleiben.
Wenn ich morgens in den Spiegel schaue, sehe ich ein zerknittertes Gesicht mit Krähenfüßen um die Augen vom vielen Blinzeln. Werd' mich nach dem Einsatz erstmal liften lassen, damit mich mein Schatz wiedererkennt.
Kabul wird bunter! Die Menschen geben sich Mühe im Rahmen ihrer Möglichkeiten die Stadt zu verschönern. Auf Straßeninseln oder im Kreisverkehr werden Büsche und Blumen gepflanzt, Grassoden verlegt, bunte Fahnen aufgestellt. Abwassergräben werden nach und nach vom Unrat der letzten Jahre befreit, bisweilen sogar die Hauptstraße gekehrt. Es tut sich was. Und von Tag zu Tag mehr.
Mohammed, mein Schreiner, hat einen neuen Großauftrag bekommen. Er ist ganz happy. Einige Ministerien darf er mit Büromöbeln ausstatten. Du kannst dir nicht vorstellen, in welch' kleiner Werkstattbude der Mann die Arbeit verrichtet. Abgesehen davon furniert er Tische und andere großflächige Teile auf dem stark frequentierten Trottoir. Stürzt ein Passant über seine fertige Ware, lamentiert er lauthals oder

stößt Verwünschungen aus.
Wenn ich ihn besuche, räumt er flugs ein paar Bretter zur Seite um süßen Tee zu servieren. Sein „Schokoladen“-Angebot, ein Gemenge aus Milch, Zucker und etwas Braunem, tausche ich ihm in Rittersport Vollnuß und – Zartbitter aus unserem Marketenderladen. Die Tafeln verspeist er wie Schwarzbrot und verdreht dabei genüsslich die Augen. Die leere Verpackung legt er jedes Mal fein säuberlich zusammen. Entweder wird daraus noch etwas gebastelt oder er trumpft an anderer Stelle mit seinen Connexions zur ISAF auf. Ich gönne es ihm. Mohammed ist ein feiner Kerl. Wenn ich Zeit habe, bringe ich ihm wieder was mit.
Vor drei Tagen lernte ich im Sektor der Niederländer eine neue Seite von Kabuls Außenbezirken kennen. Die Fahrt ging in Richtung Jalalabad, dann rechts durch ein kleines Dorf, an Autoersatzteil-Händlern und einer alten Festung vorbei in „unberührtes“ Land hinaus. In dem Fort sollen Talibankämpfer inhaftiert sein, vielleicht auch verhört werden. Das ist Sache der Amerikaner.
Eine grandiose Landschaft hatte uns aufgenommen. Leider wirkte sie nur unberührt. Das ganze Gelände ist vermint. Wir fuhren dem Horizont entgegen, der begrenzt wurde durch die mächtige Gebirgskette des Hochplateau Kabuls. Wir zogen am Fuß des Massivs in Richtung Westen, bis uns ein Taleinschnitt förmlich verschluckte. Und vor uns lag eine Oase, ein grünes Areal mit bewässerten Feldern, einem kleinen Wald, dahinter Siedlungen. Unser Pfad führte durch schweres Gelände. Die Wölfe (unsere Jeeps) quälten sich über Stock und Stein bis in die Gassen der ers-

ten Ortschaft. Eskortiert von einer Kinderschar, verfolgt von tollkühnen Radfahrern, rollten wir weiter den Berg hinauf.
Es ging um die Erkundung eines alten Schmugglerpfads, den einst Hekmatyar nutzte, um Waffen und Munition nach Kabul zu schaffen. Wir schoben uns weiter und weiter den Berg hinauf ... bis wir wieder allein waren. Beidseitige Stellungsgräben, Kartuschen zu hauf, rot-weiße Markierungen von Minenfeldern waren stumme Zeugen der kriegerischen Auseinandersetzungen, die hier getobt haben müssen. Auf der Bergkuppe bot sich ein beeindruckendes Bild. Wir stiegen aus. Alles war ruhig, fast friedlich, wären die Requisiten des Krieges nicht da. Nur ein frischer Wind umspielte die Höhe. Wir schauten auf das braune, karge Land zurück, das von der Oase fruchtbar durchzogen wurde und ganz in der Ferne erstreckte sich das Häusermeer von Kabul. Ich hatte noch nie eine fruchtbare Insel gesehen, umklammert von einer so unbarmherzigen Wüstenei. Ja, ich war ergriffen von dem Kontrast. Es war, als stehe sich Leben und Tod gegenüber. Unheimlich und eindringlich. Hier offenbarte sich Afghanistan: gastlich und mörderisch, fruchtbar und tot... Ich glaube, auch die niederländischen Kameraden waren irgendwie ergriffen von dem Panorama vor unseren Füßen.
Wie aus dem Nichts erschienen zerzauste Männer. Ob sie unter ihren weiten Gewändern Waffen trugen? Mit Stinger-Raketen war Kabul von hier aus gut zu beschießen. Hatten die Burschen irgendwo in der Nähe AGS-17-Granatwerfer oder SAM-7-Luftabwehrraketen in Stellung? Entschuldige den Vergleich, aber ich fühlte mich wie Kongo-Müller,

der morgens beim Waschen plötzlich vier Eier fühlte und daraus schloss: Der Feind muss verdammt nahe sein! Sollten wir sie durchsuchen? Von oben bis unten filzen? Und wenn es nur harmlose, uns wohlgesonnene Bauern waren? Die Männer gingen in die Hocke und stierten schweigsam herüber. Das sind Situationen, die, falsch eingeschätzt, zur Katastrophe werden. Vielen unschuldigen Menschen das Leben kosten können...

Mit Einbruch der Dunkelheit erreichten wir Kabul. Staubwirbel umhüllten uns. Nachtsichtgeräte wurden aufgestellt, die Hektik der Hauptstadt hatte uns wieder. „Biscuit, Biscuit - Mister“, bettelten Kinder am Straßenrand. „How are you?“ riefen andere. „Thank you, thank you!“ Wir waren jetzt in Eile, mussten uns im Camp melden. Am Tor wurden die Waffen entladen. Der Schlagbaum fiel, wir waren zurück in unserem Fuchsbau.

Nochmals das beste für Dich in Deinem neuen Lebensjahr!

Liebe Grüße auch an Papa,
Dein Gerd

Feldpost-Karte
Kabul, 01. Juni 2002

Liebe Eltern,
meine Berichte werden immer spärlicher, ich weiß. Es tut mir selbst leid, dass ich mir nicht mehr Zeit zum Schreiben und Berichten nehmen kann. Die Loya Jirga (Große Ratsversammlung) rückt näher, das heißt, noch mehr Sicherheit gewährleisten, erhöhte Wachsamkeit, ordnen, organisieren, Ruhe be-

wahren und Ruhe ausstrahlen. Hinzu kamen disziplinare Angelegenheiten, der positiven und negativen Sorte, die Zeit kosten. Und für die Sorgen und Nöte der anvertrauten Männer muss man auch stets ein offenes Ohr haben. Die Zusammenarbeit mit den einzelnen Polizeichefs verläuft wie eine Achterbahn. Nach einem Brainstorming nach deutschem Muster haben General Agul, Chef von PD4 und ich Freundschaft geschlossen. Die Ergebnisse unserer Marathonsitzung haben ihn schwer beeindruckt, wenngleich er hernach fix und fertig in den Sessel rutschte. Das soll was heißen: der alte Mudschaheddin hatte so manche Schlacht um Kabul geschlagen!
Meine Männer halten sich großartig. Ich bin stolz auf sie. Langsam können wir uns gemeinsam auf die baldige Rückkehr freuen.
Ich hoffe, bei Euch läuft alles bestens.
Liebe Grüße,
Euer Gerd

Feldpost-Brief
Kabul, 4.6.2002

Liebe Eltern,
der heutige Tag sollte der große Tag für meinen Schatz und mich werden. Gemeinsam wollten wir in der Kirche zu Hamburg-Eppendorf – übrigens ja auch eure Hochzeitskirche - vor den Traualtar treten. Statt dessen stehe ich in Staub, Dreck und Hitze des Feldlagers Warehouse! Schweiß rinnt in Strömen. Man möchte nur noch unter der Dusche sitzen. Manche Tage sind unerträglich.
Morgens beim Aufstehen ist die Temperatur um 30°

C im Schatten noch auszuhalten. Bis zum Mittag klettert der Wert auf 45° C ... und in den nächsten Tagen soll es noch heißer werden! Wir lechzen nach Kühlschränken, die in den nächsten Tagen aus Dubai eingeflogen werden sollen. Hoffentlich werden die passenden Stecker dazu geliefert. 340 Klimaanlagen können wegen fehlenden Überlastschutzes nicht eingebaut werden. Meine Männer, die nachts Patrouille schieben oder das Lager sichern, können in der Tageshitze nicht schlafen. Übermüdete Posten sind unaufmerksam, das können sich sicher auch Schreibstubenhengste vorstellen.

Aber mit den Fallschirmjägern kann man das machen. Die sind hart im Nehmen. Man darf den Bogen nur nicht überspannen. Hitze fordert ihren Tribut. Erste „Opfer" hängen am Tropf im Feldlazarett oder mussten sich krank melden lassen: körperliche und seelische Niedergeschlagenheit, Schwäche infolge anhaltenden Brechdurchfalls. Verkrampfung der Gliedmassen als Folge von Dehydration und manches mehr.

Jetzt müssen die Unterführer streng darauf achten, dass die Männer genügend Wasser trinken. Wir bekommen „Pure Life", pakistanisches Nass von Nestlé. Es schmeckt sogar. Pro Tag konsumiert meine Kompanie fast eine Europalette mit 700 großen Flaschen. Der Nachschub rollt aus Peschawar, über den Khyberpass heran. So lernt man Wasser als „Grundnahrungsmittel" schätzen!

Liebe Grüße

Euer Gerd

Feldpost-Brief

Kabul, 14.6.2002

Liebe Eltern,
gestern ereignete sich ein Zwischenfall, der zwar glimpflich verlief, doch nicht ganz ohne war, als meine Patrouille unter Feldwebel Maier-Voss mit Leibwächtern eines Delegierten der Loya Jirga aneinander geriet. Wali Massud, der Bruder des ermordeten Nordallianz-Führers Achmed Schah Massud, preschte in seinem schwarzen Geländewagen, dessen Scheiben verdunkelt waren, gefolgt von einer Pick-up-Kolonne heran. Plötzlich mußten die Fahrzeuge auf der Höhe des Patrouillenführers halten. In und auf den Pick-ups saßen schwer bewaffnete Bodyguards. Je wichtiger sich die warlords nehmen, je größer ist ihre bewaffnete Entourage. Einer der Burschen richtete seine Kalaschnikow auf Feldwebel Maier-Voss und zielte. Dass war der Dreistigkeit zu viel!
Als die Afghanen weiterbrausten, scherte Maier-Voss aus und verfolgte den Pick-up mit dem provozierenden Leibwächter. Auf dem Hügel neben dem Interconti-Hotel stellte er das Fahrzeug mit vorgehaltener Pistole, entwaffnete den Burschen und hielt ihn in Schach, bis er Anzeichen einer Entschuldigung zeigte. Alles unter den Augen zahlreicher Journalisten, die vor dem Interconti Spektakuläres erwarteten.
Zur selben Zeit wurde auf der großen Ratsversammlung kontrovers diskutiert, was mehr an ein endloses Palaver erinnerte. Milizenführer Abdul Sajaf hielt eine Verteidigungsrede für frühere Mudschaheddin: „Nach der Flucht der Taliban wird oft schlecht über Männer mit Gewehren geredet. Ich möchte, dass alle

hier nichts Schlechtes über diejenigen sagen, die gegen die Russen gekämpft haben!“

Eine Gruppe paschtunischer Delegierter verließ die Loya Jirga unter Protest, weil Ex-König Mohammed Zahir Schah zu Gunsten Karsais auf das Präsidentenamt verzichtet hatte. Die Schuld dafür gaben sie den Amerikanern. Vierzig weitere Paschtunen protestierten, weil sie in die Ratsversammlung gewählt worden seien, aber um ihren Sitz betrogen wurden.

Die Debatten zogen sich in endlose Länge, da jeder Kandidat Rederecht hatte. Und es äußerten sich viele Abgeordnete zu einer schier endlosen Reihe von Problemen. Andererseits wird die Redefreiheit von der Versammlung von allen Beteiligten sehr wichtig genommen, was dazu führt, das jede Tagesordnung ilosorisch ist.

Im Vorfeld der wichtigen Abstimmungen tanzte der Kongress. Und zwar zu Rhythmen großer Fasstrommeln. Greise Männer drehten sich entrückt wie türkische Derwische. Was eine Loya Jirga ist? Ein typisch afghanisches Forum, auf dem Stammesälteste aller Volksgruppen und Fraktionen zusammenkommen, um nationale Angelegenheiten zu beschließen. Der Begriff stammt aus dem Paschtu und bedeutet „großer Rat“. Als Institution besteht er seit Jahrhunderten und entspricht der islamischen „Schura“. Im Allgemeinen werden Entscheidungen schon im Vorfeld ausgehandelt. Die Loya Jirga ist mehr ein Symbol. Hier wird eher ratifiziert als entschieden. 1964 und 1977 wurde durch den großen Rat die afghanische Verfassung ratifiziert. Während des Zweiten Weltkriegs beschloß man auf ihr Afghanistans Neutralität. In früheren Jahrhunderten berief man die Lo-

ya Jirga ein, wenn es um die Wahl eines Herrschers oder Kriegserklärungen ging.
So, nun habe ich genug erklärt. Ich muss noch Dienstpläne schreiben und verbleibe mit vielen, lieben Grüßen
Euer Gerd

Feldpost-Brief
Kabul, 23. Juni 2002

Liebe Eltern,
in den letzten Tagen ist einiges in Bewegung gekommen: Seit dem 18. Juni stehen wir unter einem neuen Kommando. Das Kontingent aus 16 Nationen der ISAF (Security Assistance Force) wurde vom Befehlshaber des Einsatzführungskommandos, Generalleutnant Friedrich Riechmann auf Brigadegeneral Manfred Schlenker übertragen. Der Dienst des geschätzten Generals von Butler ist in Afghanistan zu Ende. Er dankte den Soldaten in einer feierlichen Ansprache und enthüllte einen Gedenkstein zu Ehren der fünf Opfer des Sprengunfalls vom 6. März. Tags drauf endete die zweite große Ratsversammlung Loya Jirga erstaunlich ruhig, fast diszipliniert. Zuvor hatte sie uns eine Menge Bauchschmerzen bereitet, was die Sicherheit und Organisation anbelangte. Wieder und wieder spielten wir mögliche Szenarien durch: Überfälle, Selbstmordattentate, versteckte Sprengfallen, Evakuierungen und manch' andere Eventualitäten. Ich glaube, durch unsere Umsicht haben wir etwas zur Ruhe beitragen können und damit dem Land in dieser schweren Zeit Stabilität geben können. Wenn dem so ist, war mein Dienst nicht

umsonst und ich kann mit meinen Männern, die in sechs Monaten vieles entbehren mussten, im Bewusstsein nach Hause kommen, dass wir gemeinsam eine wichtige Aufgabe erfüllten. Wir waren Geburtshelfer eines neuen demokratischen Afghanistans! Ich werde meinen Männern sagen, dass sie darauf stolz sein können.

Hamid Karsai stellte auf der großen Versammlung mit 1650 Delegierten die 14 Minister seines Kabinetts vor. Per Akklamation wurden sie bestätigt. Unter anderem der Tadschiken-General Mohammed Fahim als wichtiger Verteidigungsminister. Auch Abdullah Abdullah behielt als Außenminister seinen Posten. Neuer Innenminister wird der Paschtune Tadsch Mohammed Wardak. Der Tadschike Junis Kanuni leitet das Bildungsministerium. Konservative Kräfte setzten Karsai unter Druck, so dass dieser versprechen musste, die Scharia, die islamische Rechtsprechung, einzuführen, die nicht so ganz westlichen Vorstellungen entspricht. Insbesondere was die Stellung der Frau in der Gesellschaft betrifft.

Am Ende des 19. Juli und zum Ausklang der Loya Jirga wurde Karsai als Präsident vereidigt, mit der Auflage, in 18 Monaten für das Land Neuwahlen vorzubereiten. Da sind die Kameraden der neuen Schicht gefordert!

Wechsel steht für uns auch bald an. Die ablösende Fallschirmjägerkompanie aus dem Saarland wird in einem Monat in Kabul eintreffen. Ende Juli nimmt uns der Flieger auf und bringt uns nach Köln. Natürlich freue ich mich auf die Rückkehr. Was sie wohl an neuen Aufgaben bereit hält? Der Einsatz hier schlaucht doch ziemlich, trotz körperlicher Fitness.

Viele liebe Grüße
Euer Gerd

Feldpost-Brief
Kabul, 01. Juli 2002
Liebe Eltern,
nun arbeitet sich unser neuer „Boss“ in die komplexe Aufgabe ein. Brigadegeneral Manfred Schlenker war zuvor Kommandeur der Luftlandebrigade 26 im Saarland, ist 51 Jahre alt, verheiratet und hat zwei Kinder. Damit verrate ich keine Geheimnisse, seine Vita liegt im Stabsgebäude, von den Landsern liebevoll „Flugzeugträger“ genannt, aus. Ein Mann der Tat und der Praxis ist er. Wir sind sehr zuversichtlich.
Neulich unternahm ich mit dem „Präsi“ eine Inspektionsfahrt in die Wüste. Im Jeep fuhren wir der untergehenden Sonne entgegen. Die Berggipfel leuchteten feuerrot. Die Piste führte an Nomadenzelten und wütend kläffenden Hunden vorbei, bis wir einen jener malerischen Orte erreichten, die wie Nester an Bergrücken kleben. Vier Maulbeerbäume gruppierten sich um eine Wasserstelle am Spann des Berges Kuh-e-Sich. Quellwasser plätscherte in einen Tümpel. Jetzt flutete das letzte Sonnenlicht über den Wüstensand und fing sich an den gegenüberliegenden Felswänden. Fledermäuse umgaukelten uns... „Halt!“ befahl der Kommandeur. Der Fahrer trat auf die Bremse, Wüstenstaub umhüllte uns wie dichter London-Nebel. Als sich der Staub verflüchtigt hatte, präsentierte sich dasselbe idyllische Landschaftsbild. Der Kommandeur angelte nach seiner Flasche. Er fand sogar drei eingestaubte Plastikbecher, die er uns

reichte. Der Verschluss wurde abgenommen, es zischte und sprudelte in der Flasche. „So, meine Herrn, Sie haben doch Vorstellungsvermögen. Das ist Champus der Marke Pommery.“ Damit goß er uns die Gläser voll.

„Zum Wohl, meine Herrn, auf ein felix Afghanistan und auf die Heimat!“ Wir leerten die Becher in einem Zug. Und das Wasser schmeckte in diesem Moment, hier in der verdammten und doch so erhabenen Wüste, wie Champagner. „Präsi“ (das ist übrigens der Kosename meines Bataillonskommandeurs) stieg aus und stellte sich breitbeinig in den Sand. Ich trat neben ihn. Wir genossen die Stille und die reine Luft.

„Na, Hauptmann Conte, was meinen Sie, ist es nicht schön hier?“

„Es könnte schöner sein, Herr Oberstleutnant, wenn die Kriege dieses Land nicht zerrüttet hätten!“

„Verdammt wahr, Conte, verdammt wahr - Kriege müssen verhindert werden - dafür sind wir hier!“

In den letzten Tagen habe ich die Ausbildung der Polizei etwas forciert, dabei im Distrikt 4 den Schwerpunkt gelegt. Mit General Aga Gul, meinem Verbündeten, wurde vereinbart, dass jetzt verstärkt die Grundregeln für polizeiliches Verhalten zu vermitteln seien. Mein Oberleutnant begann mit seinem Zug Lehrstunden zur Anzugordnung und zum disziplinarischen Auftreten in der Öffentlichkeit zu erläutern und praktisch zu demonstrieren. Gar nicht so einfach bei der Sprachbarriere! Per Zufall fand sich bei uns Siba Shakib ein. Euch sicher als Autorin von: „Nach Afghanistan kommt Gott nur noch zum Wei-

nen“ bekannt. Die iranische Filmemacherin spricht neben Deutsch, Englisch, fließend Paschtu und Dari. Sie hat uns bei der Vermittlung des Ausbildungsstoffs ganz großartig geholfen. Außerdem fühlt sie von Zeit zu Zeit unseren einheimischen Dolmetschern auf den Zahn. Die verkaufen sich gern als Sprachgenies, verstehen aber nur Bahnhof oder übersetzen den letzten Blödsinn, was in wichtigen Verhandlungen fatale Auswirkungen hat.
So, das war's mal wieder. Alles Gute für Euch. Was machen Deine Reisevorbereitungen, Papa? Ob's noch klappt bevor ich meine Zelte abbreche? Würde mich riesig freuen Dich in Afghanistan zu sehen!
Liebe Grüße und vielleicht bis bald,
Euer Gerd

Feldpost-Brief
Kabul, 3. Juli 2002

Liebe Eltern,
hinter den Kulissen arbeiten die Presseabteilungen in Kabul und Berlin an Deinem Antrag, Papa, Camp Warehouse zu besuchen. Das Einsatzführungskommando, Presse- und Informationszentrum in Potsdam wird sich sicher schon gemeldet haben? Probleme bereiten die knapp bemessenen freien Plätze für Journalisten. Drücken wir mal die Daumen, dass es klappt!
Doch schnell noch eine Episode, die ich im westlichen Bereich der ISAF mit Siba Shakib erlebte. Wie Ihr wisst, assistiert uns Siba als profunde Landeskennerin und Übersetzerin, außerdem recherchiert sie für ein neues Film- und Buchprojekt. In Kabul ist sie

außerdem humanitär engagiert.
Kurzum, sie begleitete mich auf einer Inspektionsfahrt in den Abschnitt „Paghman", der eigentlich im vernachlässigten, toten Winkel des türkischen Bereichs liegt. Unser kleiner Konvoi aus einem Jeep und drei Lkws rumpelte also in westlicher Richtung aus dem Camp. Rasch hatten uns Einöde und die Ausläufer des Kohi Paghman-Massivs aufgenommen. Der Ort Paghman, mit der historischen Siegessäule rückte heran ... entschwand in der Glut des Mittags. Wir folgten einem Pfad, der zusehends rauer, unpassierbarer wurde, ja, mehr einem ausgetrockneten Bett eines Gebirgsbachs glich. Frau Shakib schwärmte über die grandiose Landschaft, mein Fahrer, Obergefreiter Steiger hatte alle Hände voll zu tun, den Jeep sicher auf dem Pfad zu halten. Mir ging durch den Kopf, dass die Gegend eigentlich ideale Schlupfwinkel für Banden und Straßenräuber böte...
Da öffnete sich der Geländeeinschnitt zu einem Kessel, in dem der Pfad endete. Ich ließ halten. Links im Sand, neben Dornengestrüpp, saß eine Gruppe bärtiger Männer auf einem Teppich. Sie waren in kaftanähnliche Gewänder gekleidet, auf den Köpfen trugen sie Turbane oder den pokol. Die Szene erinnerte an Kara Ben Nemsi: „In den Schluchten des Balkans". Von den Schultern baumelnde Gewehre oder andere Schusswaffen, die aus Gewandfalten lugten, störten allerdings die Idylle. Hinter den Männern standen keine Kamele, sondern ein Pulk nagelneuer Toyota-Geländewagen mit abgedunkelten Scheiben. Die Typen schauten verdammt grimmig! Hatten sie uns erwartet? Waren wir in eine Falle geraten?

Mir sträubten sich die Nackenhaare. Ich witterte Gefahr. In diesem Abschnitt dürfte es eigentlich keine Taliban geben. Außerdem hätten die längst das Feuer auf uns eröffnet. Straßenräuber meiden das Militär, lauern ihm nicht auf. Welche Art von gesetzlosem Gesindel hatte sich hier niedergelassen? Ich stieg aus und trat zu den Männern. Alles markante, verschlossene Gesichter. Vier ältere behielten auf dem Teppich Platz, Jüngere, anscheinend Wachen, Leibwächter oder Söldner einer Privatarmee, bildeten einen Kreis um uns. Hinter Felsen und Büschen quollen nun weitere Afghanen, die meisten waren mit Kalaschnikows bewaffnet. Meine Begrüßungsfloskel in Dari: „Tschutur hasti" wurde murmelnd wiederholt. Shakib hatte mit Kennerblick den Anführer ausgemacht, stellte sich und uns vor. Dann begann ein lebhaftes Palaver mit den Alten auf dem Teppich. Ich verglich die Kampfkraft der Krieger mit unserer und hoffte, dass es keine ernsthafte Auseinandersetzung gab. Wir hätten in diesem Gelände, mit dieser Übermacht kampferprobter Gesellen keine Chance gehabt! Mit Handbewegungen signalisierte ich meinen Leuten auf den Lkws dass alles in Ordnung sei. Unterdessen hatte Siba Shakib die Anführer durch ihr Geschick etwas freundlicher stimmen können. Mir wurde ein Platz auf dem Teppich angeboten. Zum Erstaunen sah ich, dass einige der Männer mit Iridium-Handys der neuesten Generation spielten. Zwischendurch wurde eifrig telefoniert. Unterführer, die den Alten am nächsten standen, blickten merkwürdig glasig in die Runde oder bewegten sich, als seien sie in Trance. Meine Beobachtung wurde bemerkt. Auf ein Zeichen verdrängten nüchterne Ty-

pen die angeschlagenen in hintere Reihen.
Man redete auf mich ein, Siba übersetzte. Ich fragte. Zusammengefasst entstand folgender Wortlaut:
„Was suchen die Soldaten in den Bergen?"
„Routine-Patrouille."
„Hier ist alles ruhig. Dafür sorgen wir."
„Die ISAF und deutsche Soldaten helfen euch Ruhe und Ordnung zu halten."
„Als Gäste sind uns die Deutschen willkommen und unsere Freunde, aber nicht um uns Befehle zu erteilen."
„Euch gibt keiner Befehle."
„Das ist im Sinne Allahs!"
„Und was macht ihr hier?"
„Müssen wir das den Gästen sagen?"
„Nein, aber ihr könnt es Freunden erzählen."
„Wir sind Bauern und haben uns zu einer Versammlung getroffen."
„Bauern seid ihr? Was wird hier angebaut?"
Ich merkte, dass das Gespräch jetzt auf ein heikles Terrain abglitt. Siba schien meine Fragen blumig-diplomatisch zu umschreiben.
„Tomaten, Reis, Wein für Rosinen ... der Regen verspricht eine gute Ernte."
Siba gab mir mit den Augen zu verstehen, nicht weiter zu bohren.
„Wir wünschen euch gute Ernten, Wohlergehen euren Familien!" beendete ich die Konversation. Inzwischen war mir klar, was sich hier abspielte. Ich musste versuchen den Ort reibungslos zu verlassen, ohne Argwohn zu wecken.
„Allah sei mit euch und euren Wegen", raunten die Alten und legten die Hände an die Brust. Als wir

aufgestanden waren und zu den Fahrzeugen schritten, merkte ich, wie sich die Lage entspannte. Unser Konvoi drehte im Kessel und rollte zurück. Unser Gruß wurde nicht erwidert.

Nach einiger Zeit sagte Siba: „Uff, noch mal gutgegangen. - Weißt du, was wir da aufgestöbert haben?"

„Drogenbauern trafen sich mit Dealern und Kurieren."

So war es, wir waren in ein Hornissennest gestoßen. Da hatte sich die Drogenmafia getroffen, um über Preise, Kontingente und Schmugglerrouten zu verhandeln. In versteckten Tälern wird auf 600 bis 1000 Metern Höhe illegal Mohn angebaut. Die Ernte, braune Opiumpaste, schaffen Kuriere auf geheimen Pässen nach Pakistan, wo sie in versteckten Labors zu Heroin „veredelt" wird und nach Europa und Nordamerika an die Junkie-Front gelangt. Zuvor aber die Kassen der Provinzfürsten und ihrer Privatarmeen füllt.

Um Kabul spielt der Mohnanbau und die damit einhergehende Drogenszene keine besondere Rolle. Anders ist die Lage im westlichen Grenzgebiet Nanyarha, in Helmand im Süden und besonders kritisch westlich von Kunduz, im Norden Afghanistans. Der Rauschgifthandel überzieht die betroffenen Provinzen wie die Pest...

Im Camp Warehouse meldete ich den Vorfall dem Bataillonskommandeur. Auf dem Weg dorthin überdachte ich die Situation. Hatte ich richtig gehandelt? Hätte ich das Nest ausheben, die Bosse entwaffnen, festnehmen und zum Verhör bringen sollen? Was unweigerlich zum Kampf geführt hätte! Ich war überzeugt, das Richtige getan zu haben, dennoch nagten Zweifel... Mein Chef hörte sich meinen Rapport schweigend an. Nach einer Weile schaute er über die Zeltstadt und sagte: „Hauptmann Conte, Sie haben richtig und besonnen gehandelt. Unser Auftrag lässt keine andere Vorgehensweise zu."

Später beim Abendessen meinte der Kommandeur: „Als kritischer Bürger in Uniform stelle ich mir die Frage, wie hätte ein Patrouillenführer gehandelt, der zu Hause eine drogenabhängige Tochter hat? 75 Prozent der Welt-Opium-Ernte kommt derzeit aus Afghanistan. Rund 10 Millionen Junkies hängen an der afghanischen Nadel. Fast 3800 Tonnen hiesigen Opiums brachten auf dem Schwarzmarkt rund 3 Milliarden Dollar ein. Und wir müssen alles tatenlos mit ansehen!"

„Drogenbekämpfung gehört nicht zur Aufgabe der ISAF."

„Natürlich nicht. Es ist die Aufgabe einer Polizei, die weder in der Lage noch Willens ist, die Drogenpest zu beseitigen. Eine Konfrontation mit den Drogenbaronen käme einer Kriegserklärung gleich. - In was für einer schizophrenen Welt leben wir - Conte?"

„In Afghanistan!" bemerkte ich.

Ich habe Euch die Begebenheit so ausführlich geschrieben, um einen kleinen Einblick in die komplexe Situation der ISAF zu vermitteln. Dennoch bin ich zuversichtlich, dass die örtliche Polizei eines Tages die Drogenkartelle selbst sprengen wird. Wie es aussieht, nach gründlicher Ausbildung durch deutsche Spezialisten.

Sagen wir mal bis bald, Papa und
herzliche Grüße an alle
Euer Gerd

„Ehrfurcht vor dem Leben
ist das Ideal der Ideale“
(Albert Schweitzer)

Das Camp

Juli 2002

Alle formalistischen Hürden genommen, befinde ich mich auf der Autobahn kurz vor Köln. In Gedanken bin ich längst 6000 km weiter östlich, jenseits des Hindukusch. In der Tasche habe ich eine Einladung von der Pressestelle des Einsatzführungskommandos Potsdam mit der Bundeswehr nach Kabul zu fliegen, um im Camp Warehouse den Einsatz des deutschen ISAF-Kontigents erleben zu können. Mit Soldaten und Pressevertretern werde ich in ein paar Stunden vom Flughafen Köln-Wahn, militärischer Teil, mit einem Airbus A310 der Bundeswehr erst einmal nach Termez in Usbekistan fliegen. Wie es dann weitergeht ist mir noch nicht ganz klar. Afghanistan, das Camp der ISAF, nahe Kabul, aus Innensicht erleben birgt schon einen besonderen Reiz. Etwas Reisefieber will ich gern zugeben.
Habe ich auch an alles gedacht? Flugbestätigung, Impfpass mit allen erforderlichen Prophylaxen? Reise ... das Handy reißt mich aus den Überlegungen. “Hallo, Schatz, ich höre gerade in den Nachrichten, dass Karsais Stellvertreter und sein Fahrer ermordet wurden. Ob das Einfluss auf deine Reise hat?“
„Danke für die Information, Nora. Ich hoffe nicht. Ist Näheres bekannt?“

„Nur, dass die ISAF bei der Aufklärung des Attentats behilflich ist..." Wir beenden das Gespräch. So ein Pech aber auch! Es konnte durchaus bedeuten, dass die Bundeswehr vorerst keine Zivilisten transportiert. Oder aufgrund einer höheren Sicherheitsstufe meine Bewegungsfreiheit vor Ort gleich Null wäre. Am Flughafen erfahre ich, dass US-Spezialeinheiten versehentlich afghanische Dörfer bombardierten und die Gotteskrieger (Taliban) mit 5000 Anhängern in den pakistanischen Teil Kaschmirs geflüchtet sein sollen.

Der A310 hebt um 17.30 Uhr mit 160 Soldaten und drei Zivilisten, zwei Jounalisten aus Süddeutschland und mir ab. Trotz der etwas widrigen Sicherheitslage. Sechseinhalb Stunden später landen wir auf dem Militärflughafen Termez in Usbekistan. Dort warten wir ab 3.00 Uhr Ortszeit im deutschen Stützpunkt auf den Weiterflug. Sechs Soldaten aus K-Town befinden sich unter dem Kontingent. Alle Flugreisenden werden namentlich aufgerufen. Die geheimnisvollen K-Town-Männer nicht. Was hat das zu bedeuten?

Allmählich sickert durch: es handelt sich um KSK-Kräfte aus Calw, die gemeinsam mit amerikanischen und anderen internationalen Verbänden mit dem Aufspüren von Al-Qaida-Terroristen beauftragt sind. Somit besonderer Geheimhaltung unterliegen.

Noch im Schutz der Nacht verlassen wir die Zelte von Termez, um auf dem Rollfeld in die warmlaufende Transall 160 zu klettern. Wir sitzen uns rechts und links der Bordwand gegenüber, während allerhand sperriges Gerät in der Mitte der Transportmaschine verzurrt wird. Um sicher über den bis 7000 Meter hohen Hindukusch zu fliegen, kann die Trans-

all nicht voll beladen werden.
Unterdessen lerne ich einige Mitreisende kennen: Da hat sich Feldwebel Krause als Reservist aus dem Saarland für sechs Einsatzmonate für Kabul gemeldet. Seine Frau ist Soldatin und dient zur Zeit auf dem deutschen Stützpunkt Termez. Neben mir sitzt jetzt ein Hauptmann, der wie ein Inder aussieht. Er ist Architekt und wird sich um den Aufbau afghanischer Schulen kümmern. Militärpfarrer Otto Gäng wurde in einem Lehrgang auf seine seelsorgerische Tätigkeit im Camp Warehouse vorbereitet. Der katholische Geistliche wird seinen Kollegen Georg Pützer ablösen. Neben Gottesdiensten abhalten, wird das wichtigste die Gespräche mit den Soldaten sein. Da geht es um die Belastung durch den Einsatz, die lange Trennung von Familie, den Kindern, der Frau oder Freundin, das Scheitern von Beziehungen. Sechs Monate Auslandsdienst sind eine enorme Belastung, eigentlich viel zu lang. Der schlanke, jugendlich wirkende Otto Gäng sieht die Aufgabe als Herausforderung: "Soldaten, die seelisch und körperlich im Einklang sind, können einen besseren Dienst versehen als mühselig und beladene. Ich möchte an der seelischen Stabilität der Männer bescheiden mitwirken."
Pfarrer Gäng hofft, dass Afghanistan seine Zukunft in Frieden findet, Deutschland daran mitwirkt und die Soldaten gesund nach Hause, zu ihren Familien zurückkehren.
Meine Kollegen sind Hans Fink, Redaktionsleiter des Kompass und Journalist Christian Nagel, der für mehrere Süddeutsche Zeitungen schreibt. Buchautoren, wie meine Wenigkeit, werden selten über die

Bundeswehr eingeflogen. Nagel hat vernommen, dass es Unstimmigkeiten beim Aufspüren versprengter Al-Qaida Nester gibt. Da leisten SAS, KSK, Spezialkräfte der Dänen oder anderer Nationen über Wochen akribische gefährliche Aufklärungsarbeit. Wenn es dann ums Zuschlagen geht, intervenieren die Amerikaner, damit sie Eingreifen können, um den Erfolg allein für sich zu verbuchen. Bisweilen vermasseln sie die Aktion dann noch! Bei den Engländern hat die selbstherrliche Vorgehensweise zu Konsequenzen geführt. Die SAS soll sich zurückgezogen haben.

Uns sitzen Österreicher gegenüber. Die Soldaten sind schweigsam, ihre Blicke haben sie auf den Boden geheftet. Ihre Gesichter verraten Erwartung, vielleicht auch Sorge. Sie werden, wie die Bundeswehrsoldaten auch, ihre Kameraden in Kabul ablösen. Mir fällt auf, dass das Militär unbewaffnet reist, selbst die „Braut der Soldaten", das Gewehr, ist nicht dabei. Waffen jeglicher Art werden erst in Kabul übernommen. Mühsam, bei gewaltigem Geräuschpegel, schraubt sich die Transall höher und höher, die schneebedeckten Wipfel des Hindukusch rücken heran, ja bedrohlich näher. Wir fliegen nicht über das Massiv hinweg. Wir fliegen hindurch! Atemberaubend, im ersten Licht des erwachenden Tages so vis à vis der Felswände durch Zentralasien zu gleiten...

Bald weichen die hohen Berge, Afghanistan öffnet sich. Eineinhalb Stunden später befinden wir uns im Landeanflug auf den internationalen Flughafen von Kabul, dessen Wahrzeichen eine gegroundete Boeing ist. Der Fliegerrumpf liegt da im Minenfeld wie eine durchgebrochene Zigarre. Ihre Tragflächen recken sich bizarr himmelwärts. Wir schlendern mit Sack und Pack vor das Flughafengebäude, wo wir erst einmal gespannt verweilen. Unterdessen nehmen die Soldaten Aufstellung, um von einem Oberstleutnant kurz und bündig begrüßt zu werden. Bevor wir in einen Bus steigen, werden uns Schusswesten verpasst. Die schweren Westen behindern ungemein. Christian Nagel, mit zwei Kameras behängt, fragt, wie er in der Zwangsjacke noch fotografieren soll. „Sie sollen in erster Linie unversehrt bleiben!", meint ein Hauptmann, der kurz vor der Ablösung steht. Trotz des frühen Morgens kriecht staubgeschwängerte Hitze aus der Erde und legt sich wie ein nasser Schwitzfilm um den Oberkörper, der von der Kugelweste regelrecht verschnürt wird.

Camp Warehouse liegt 15 km außerhalb des Zentrums, auf dem Grund einer ehemaligen Baufirma. Die Wachtürme sind weithin sichtbar. Ich werde an ein Fort am Fuße der Rockies im Wilden Westen erinnert. Kavallerie, Pferde und Gespanne ersetzen Pkws und Lkws. Vor dem Tor regelt ein Hauptgefreiter den Verkehr und winkt den Bus herein. Wir halten vor dem staubumwehten Stabsgebäude. Trutzig erhebt es sich aus der Zeltstadt. Und erinnert an einen jener monströsen Plattenbauten von Cottbus oder Berlin-Marzahn. Nicht von ungefähr haben die Landser das Stabsgebäude „Flugzeugträger" getauft. Unten rechts befindet sich die Pressestelle. Major von Stein wartet schon. Im Vortragsraum gesellt sich noch ein Kameramann und eine Redakteurin vom NTV zu uns. Der Hitze wegen teilt der Major erst einmal große Wasserflaschen aus und ermahnt, kräftig zu trinken, nur so bleibe der Kreislauf stabil. Nun

referiert er über die Aufgaben des deutschen Kontingents der ISAF und berichtet, wie sich unser Besuchsprogramm gestalten wird.
Um 11 Uhr geht die Tür auf. Herein spaziert ein junger Mann mit bordeauxrotem Barett, im kurzärmligen Kampfanzug und Springerstiefeln. „Tag, die Herrn. Ich heiße Hauptmann Gerd Conte und werde Ihnen etwas zur Sicherheitslage der Distrikte 4, 10 und 12 von Kabul sagen. Die Augen Major von Steins, aber auch die der Journalisten wandern zwischen Gerd und mir hin und her ... bis sie verstehen, dass sich da Vater und Sohn gegenüber stehen. Gerd lädt uns ein, mit seinen Leuten auf Tag- und Nachtpatrouille zu gehen. Dann verschwindet er.
Vor dem Mittagessen unternehmen wir eine Lagerbesichtigung. Camp Warehouse beeindruckt mit seinem spröden Charme. Kein Baum, kein Strauch spenden Schatten. Das Stabsgebäude ist die einzige feste Unterkunft. Hier leben also 1600 Soldaten aus neun Nationen in Acht-Mann-Zelten, mit dem Staub auf du und du. Staub, der sich auf Bronchien und Lungen legt und den berüchtigten „Kabulhusten" verursacht.
Jetzt begreife ich, was es bedeutet, Tag ein Tag aus in Hitze und aggressivem Staub seinen Dienst zu versehen. Atemwege, Schleimhäute verkrusten, die Nase blutet, die Kopfhaut juckt. Im Campbereich Gerds parken neben Jeeps und Mannschaftstransportern, Fahrzeuge die ihre Namen aus dem Tierreich entleihen: „Dingo", „Wiesel", es fehlen nur Leopard, Marder, Dachs und andere Nager. Hochmoderne Wehrtechnik auf Ketten oder vier Rädern, die für Spezialeinsätze geschaffen wurde. Die äuße-

ren Zelte werden von Wällen aus Sandsäcken geschützt. Auf einem besonders exponiert liegenden Sack hält ein Gartenzwerg einsame Wacht. Nicht weit entfernt, auf den Türmen, schieben wirkliche Wächter Wache: Sonnenbrille, Halstuch, die Waffe im Anschlag. Der Feind kann überall lauern, dennoch, ich sehe keine Soldaten mit Stahlhelmen. Die ISAF möchte die empfindliche Volksseele der Afghanen nicht provozieren.

Unser Rundgang endet in einem riesigen Zelt, der Kantine für Offiziere und Mannschaften. Es gibt Suppe, kalte und warme Speisen, Fruchtsaftgetränke, Tee und Kaffee. Mit beladenen Tabletts begeben wir uns an freie lange Tische. Es herrscht ein Kommen und Gehen verschiedener Waffengattungen, Soldaten und Soldatinnen unterschiedlicher Nationalitäten.

„Na, schmeckt's?" fragt Gerd. Mit einem Rohkostteller, einem Glas Apfelsaft ist er plötzlich aufgetaucht und setzt sich uns gegenüber. „Ausgezeichnet!" kommt es wie aus einem Mund. Christian Nagel bearbeitet gerade ein mächtiges Steak. Gerd grinst. „Das Frühstück ist unsere Hauptmahlzeit. Bei der Hitze reduziert man das Mittagessen automatisch."

Nach zehn Minuten hat Gerd sein Grünfutter vertilgt und erhebt sich. „Der Dienst ruft. – Wo bist du untergebracht?"

„Im Gästehaus des Deutschen Clubs," sage ich.

„Gut, ich hol` dich um 18 Uhr ab", damit verschwindet er wieder. Wir haben es weniger eilig. Nach dem Essen werfen wir einen Blick in den gut bestückten Marketenderladen. Presseoffizier von Stein berichtet, dass es mittlerweile gäbe, was das Herz wünsche, doch keine Sexpostillen, keine hochprozentigen Getränke. „Mit allem was wir tun, passen wir auf, um die Gefühle der afghanischen Bevölkerung nicht zu verletzen. Immerhin arbeiten sehr viele Einheimische im Feldlager. Unser Leben und unser Umgang miteinander bleibt nicht hinterm Kasernenzaun verborgen. So ist es den Soldaten per Befehl verboten mit nacktem Oberkörper herumzulaufen. Angesichts der Hitze fällt das bisweilen schwer. Das Auftreten der ISAF steht unter kritischer Beobachtung der islamischen Bevölkerung, die ausgesprochen konservativ ist."

„Afghanen verrichten im Lager Frauenarbeit", fällt Hans Fink auf, „gibt das keine Spannungen?"

„Das dringend benötigte Geld überlagert das Problem. Andererseits bilden wir Arbeitsgruppen mit Männern und andere mit Frauen, die nicht zusammen eingesetzt werden", erklärt der Presseoffizier und ergänzt: „Die Löhne, die wir zahlen, sind so erstrebenswert, dass ein Lehrer lieber bei der ISAF Toiletten reinigt, als die Jugend unterrichtet."

Hinter dem Marketenderladen wurde ein Zeltdach gespannt, unter dem gerade ein gemeinsamer Gottesdienst abgehalten wird. Protestanten und Katholiken beten vereint mit 250 Soldaten und Offizieren. Pfarrer Gäng hält seine Antrittspredigt, hernach verabschiedet sich Georg Pützer. Vor mir steht ein Feldwebel im Kampfanzug, in der Hand das Gesangbuch, das G 36 über den Rücken gehängt. Voller Inbrunst schmettert er: „Ein Haupt voll Blut und Wunden..." Ein Major bläst dazu ein Jagdhorn. Unauffällig zur betenden Schar gesellt sich Gerd mit einem großen hageren Mann, der etwas an John Wayne erinnert. Ein Oberstleutnant. Das muss der

„Präsi" sein, Gerds Chef. Wir nicken uns zu, singen. Als ich wieder aufschaue, sind die beiden verschwunden. Plötzliches Auftauchen, beobachten, lässt die Lage es zu, verschwinden, den nächsten potenziellen Gefahrenort ausfindig machen. So beherrscht das Einsatzbataillon die Lage und kann Sicherheit gewährleisten. Die persönliche Kenntnis der Zustände vor Ort ist das A und O, das gilt für die Offiziere innerhalb und außerhalb des Lagers. Und für Kabul bei Tag und bei Nacht. Auf diese Weise können Soldaten und Unterführer flexibel eingesetzt werden.

Der Feldgottesdienst endet mit guten Wünschen für den alten und neuen Pfarrer, mit dem Glauben an ein friedliches Afghanistan, der Hoffnung auf eine gesunde Heimkehr aller Soldaten. „Möge endlich der Hass, die Wurzel allen Übels, begraben werden und die Verständigung der Volksgruppen zur ersehnten Eintracht führen, damit eine Zukunft im gegenseitigen Vertrauen entstehen kann," meint Otto Gäng. Seinen letzten Worten schließen sich zwei Gitarren und ein rauer Landser-Chor an. Zum Abschluss schmettern zwei Trompeten.

Wunschmusik gegen Heimweh und Lagerkoller produziert der Soldatensender „Radio Andernach" in einem kleinen, schummrigen Container. Trotzdem gleicht das Kabuff einem Paradies im Camp, weil es klimatisiert ist und für gute Stimmung sorgt. Den Sender leitet Oberleutnant Oliver Wallkötter. Mit vier Kameraden gestaltet er das Lagerleben etwas erträglicher. Das Programm besteht aus Informationen und Nachrichten „Guten Morgen Kabul", einem großen Musik-Portal, mit einer Gruß- und

Wunschsendung, die sich „Grunsch“ nennt. Beliebt ist „Extra“, da darf ein Kamerad für eine Stunde das Mikro übernehmen und die Sendung gestalten. Im „Wunschkonzert“ können auch nicht vorhandene Titel aus Deutschland mittels „Musiktaxi“ überspielt werden.

Um 18 Uhr fährt ein Jeep vor das Stabsgebäude. Gerd holt mich ab. Josef Steiger, sein Fahrer, gibt Gas. Staub wirbelt in den offenen Geländewagen. Wir husten um die Wette.

„Waffen laden“, steht auf dem Schild vor dem Kontrollposten, den wir rasch passieren und rechts auf mit Schlaglöchern durchsetzter Straße in die Stadt brausen. Vorbei am Lager der Franzosen, die sich auf ehemaligem Fabrikgelände der Firma Hoesch eingenistet haben.

Welch ein Unterschied zum Kabul vor sechs Monaten! Der Verkehr ist atemberaubend, Lärm und Hektik irritierend. Lebensmut und Aufbruchstimmung beherrschen die Stadt. Egal ob es der Handel im weniger zerstörten Nordwesten oder die Steine schleppenden Männer in den Ruinen des Südens sind. Überall wird emsig abgedichtet, gemauert, Bauwunden gekittet. Noch kann ich im Vorbeifahren in manche Wohnstube blicken, weil eine Wand fehlt oder auch zwei. Doch das wird sich rasch ändern. Nebenan sorgen fliegende und stationäre Händler für Umsatz und klingelnde Kassen. Das Angebot lässt staunen: Berge von Melonen und Rosinen, Pyramiden von Konserven. Gehäutete Hammel, gerupftes Federvieh baumelt am Haken über den Trottoirs. Für uns alles andere als appetitanregend...

„Unternehmen wir erst einmal eine Stadtrundfahrt“,

meint Gerd, „kaum eine Straße trägt einen Namen, das macht die Orientierung nicht gerade leicht.“ Obergefreiter Steiger nickt zustimmend. “Als Yankee möchte ich mich hier nicht verfahren und nach dem Weg fragen.“ Die wenigen Gassen mit Namen sind nach den Gütern bezeichnet, die es dort zu kaufen gibt: In der Butchery- oder Chicken Street bekommt man tatsächlich Fleisch.

In einem großen Bogen gelangen wir den Berg hinauf zum Intercontinal Hotel. Ich zeige Gerd die Lobby, in der die Gäste auf dem Boden lagen, weil sie mit einem Attentat gerechnet hatten. Draußen auf dem Parkplatz umringen uns junge Burschen, die mit deutschen Jeeps und deutschen Soldaten fotografiert werden wollen. Gerd lässt es zu. Die Jungs spreizen zwei Finger zum Victory-Zeichen. “Heute rufen sie hosianna, Morgen kreuzigt ihn!“ brummt mein Sohn.

Steiger chauffiert uns durchs ehemalige Botschaftsviertel an der Amani-Schule vorbei, in einen Stau hinein. „Vorne haben die Amerikaner eine Straßenschikane errichtet und Panzer aufgefahren, die ein Depot bewachen. „Nicht fotografieren!“ bestimmt Gerd.

„Aye, aye, Sir.“

Etwas weiter, vor einer Ausfahrt, wurden einige Quadratmeter mit Trassierband abgesperrt. Zwei Polizisten, die mich in ihrem Outfit an Ziegenhirten erinnern, halten ihre Gewehre wie Babys in den Armen. „Wissen die was sie bewachen?“ frage ich.

„Und ob!“ sagt Gerd, „das ist die Einfahrt zum Präsidenten-Palast. Gestern sind Karsais Stellvertreter und sein Fahrer an dieser Stelle erschossen worden. Die ISAF hilft bei der Aufklärung des Falls.“

„Dafür ist die Lage erstaunlich ruhig in Kabul. Ich befürchtete schon, dass wir nicht mitgenommen werden“, bemerke ich.

„Der Mord sieht nach einem privaten Racheakt aus, ohne politische Auswirkungen. Die Amerikaner haben Karsais Bodygards erst einmal verdoppelt.“

„Die Amerikaner?“

„Er wird von einer Security-Companie der USA bewacht, zum Ärger seiner Landsleute, denen er wohl weniger vertraut.“

Wir stoppen vor dem zerschossenen Mausoleum von Nadir Schah und genießen den weiten Blick über den Friedhof bis hinüber zur Bergkette.

Das Gästehaus des Deutschen Clubs liegt unweit der Innenstadt, eingebettet in einen reichlich verwilderten Garten. Der Standard entspricht einer heruntergekommenen Jugendherberge der 50er Jahre. In meinem Zimmer steht ein Feldbett und ein Stuhl. Toiletten und Waschräume befinden sich labyrinthisch versteckt. Ich bin heil froh, eine Unterkunft zu haben! Eine Sitzgruppe im Garten lädt zur abendlichen Siesta ein. Gerd und Josef Steiger lassen sich Orangensaft kommen, ich brauche ein Bier. Nachdem ich einige Mitbringsel auf den Tisch gelegt habe, prosten wir uns zu. „Mensch, alter Junge“, sage ich, „Treffpunkt Kabul! hat es doch noch geklappt.“ Ganz unsoldatisch umarmen wir uns. Bis in die Dunkelheit hinein muss ich von zu Hause, aus der fernen Heimat erzählen. Dann sind wir nicht mehr unter uns: Ein Geschäftsführer von John McCarthy, John C. Carthy junior; Peter Busch von der Central Agency for German Schools Abroad, Köln, zur Zeit in der Amani High School; Günter Eikhof, Inhaber von HCV, Satelite Communication Systems und Salah-ud-Din von der Pakistan Tourism Development Corporation gesellen sich zu uns. Alles Gäste auf Geschäftsreise. Ein deutscher Offizier im Gästehaus des Deutschen Clubs ist interessant und macht neugierig.

Nach einer Weile spricht Gerd wieder einmal über Funk mit seiner Zentrale von Camp Warehouse. Nun klopft er sich aufs Knie und meint: „Der Dienst ruft. Obergefreiter Steiger, satteln Sie die Pferde!"

Ich stehe mit den beiden auf und begleite sie zum Jeep. „Gibt's was Besonderes?" frage ich.

Er lächelt. „Gäbe es etwas, würde ich es dir nicht sagen."

„Verstehe!"

Beim Einsteigen ruft er Josef Steiger zu: „Zu den Jungs von der Nachtpatrouille. Distrikt vier!" Der Jeep braust in die Nacht. Ich schaue ihm nach...

Im Garten wird munter über die Zukunft Afghanistans diskutiert, Chancen und Risiken ausgelotet. Ich staune über die schlauen Vorschläge der Herrschaften.

Die Runde hat sich um einen neuen Gast erweitert. Er stellt sich mit Haji Khairi vor. Kahlköpfig ist er. Ich schätze ihn auf Anfang, Mitte vierzig. Auf jeden Fall sieht er älter aus als er sein mag. Große melancholische Augen und steile Falten um die Mundwinkel signalisieren, dass er verdammt viel mitgemacht haben muss. Ein interessanter Typ, sagt mir mein Reporterinstinkt. Während die anderen ihre Meinungen an den Mann bringen, sitzt der schweigsam da.

„Die afghanische Intelligenz und die Flüchtlinge aus dem Ausland müssen endlich zurückkommen, um sich am Aufbau ihres Landes zu beteiligen!" lässt Geschäftsmann Eikhof vernehmen, „was meinen Sie, junger Mann?" spricht er Khairi direkt an. Der öffnet den Mund, sagt aber nichts. Erst eine Weile später verrät er: „Sie haben recht. Aber was nützen die Menschen ohne Kapital? Nur das Kapital von Investoren schafft Arbeitsplätze und Stabilität. Oder wollen Sie, dass die Hungerlager sich vervielfachen? Seit der Vertreibung der Taliban sind schon mehr als eine Million Flüchtlinge zurückgekehrt, aber nur die wenigsten Heimkehrer sind in Lohn und Brot." Betretenes Schweigen.

„Wir sind hier, um Geschäfte mit einem Bettler zu machen. Der Bettler muss doch eigentlich erst zu Kräften kommen und zu Geld um geschäftstüchtig zu werden. Sind wir bereit, dem Bettler Afghanistan Kredit zu geben?" fragt Khairi in die Runde.

„Wenn das Investitionsklima stimmt, sicher", meint John C. Carthy Junior.

„Das Investitionsklima!" lacht Khairi trocken.

Wir sitzen im Dunkeln. Der Strom ist ausgefallen. Bis Kerzen gebracht werden, hat sich die Gruppe aufgelöst. Haji Khairi bleibt sitzen und starrt in die Nacht. Ich rücke zu ihm auf. „Darf ich fragen wo sie herkommen?"

„Aus Hamburg."

„Nein!"

„Doch, aus dem Stadtteil St. Georg."

So erfahre ich, dass Khairi Afghane ist und 1987 vor den Sowjets flüchtete. In Hamburg betreibt er zwei Supermärkte. Nun ist er hier, um hiesige Waren für seine Läden einzukaufen. Außerdem will er prüfen ob er in Kabul, Kandahar oder anderswo Geschäfte

eröffnen kann. „Meine Mittel sind begrenzt, aber ich muss etwas tun!"
Ich denke an Jakob Harun, der auch etwas tun musste und seinen Fuß verlor.
„Ich bin müde," sagt der Mann, „das Land zehrt an meinen Kräften."
„Wie lang sind sie noch in der Stadt?"
„Eine Woche, vielleicht auch zwei oder drei, das weiß man hier zu Lande nie so genau."
„Ich würde Sie gern zum Essen einladen," sage ich, „lässt sich das machen?"
„Gern, warum nicht. 20.00 Uhr Morgen Abend? Da hat ein schönes, neues Lokal eröffnet, das 'Khyber Restaurant'!"
„Gute Idee!" Damit empfehle ich mich. Ohne es damals ahnen zu können, soll ich durch die Gespräche mit Haji Khairi Einblicke in das Leben eines vom Schicksal geschlagenen Afghanen bekommen, die das Maß der Erträglichkeit überschreiten. Wie viel Brutalität kann ein Individuum zerstören, um es dennoch am Leben zu halten? Noch heute bekomme ich eine Gänsehaut, denke ich an seine Lebensgeschichte!
In meiner Kammer liege ich noch lange wach, denke an Gerd, der jetzt irgendwo durch finstere Gassen streicht, um für Ruhe und Ordnung zu sorgen, damit die Geschäftsleute ihr adäquates Geschäftsklima für Investitionen, Bürger ihre Ruhe haben. Ist das Sicherheit, die künstlich geschaffen wird? Irgend jemand sprach von „Retortensicherheit", wie sie das Militär auch in Bosnien oder im Kosovo gewährt. Präsenz gegen den Hass. Warum existiert dieser verfluchte Hass unter den Menschen? Hass, der blind,

wütend, mordlustig macht? Warum im alles in der Welt? Warum?

„Peace can not be kept by force.
It can only be achieved by understanding."
(Albert Einstein)

Tote Löwen

Der Zufall schlägt bisweilen Kapriolen: Als wir am Morgen ein Taxi heranwinken wollen, um hinüber zum Kabuler Zoo zu fahren, gleitet ein Fahrzeug der deutschen Botschaft am Gästehaus vorbei ... und hält. Wir steigen ein. Und wer sitzt am Steuer? Vera Bohlen, die deutsche Minensucherin, eine Expertin für hochbrisante Angelegenheiten. Sie ist auf dem Weg ins Camp Warehouse. Der kleine Umweg zum Zoo macht ihr nichts aus. Im Auftrag der Hilfsorganisation HELP und des Auswärtigen Amts ist sie im westafghanischen Herat tätig. Das blonde, lebenslustige Fräulein Bohlen ist 32 Jahre alt, sie hat bereits im Kosovo, in Bosnien und Mosambik Minen geräumt und alles schadlos überlebt.
„In Afghanistan suche ich keine Landminen, das bewerkstelligen andere Kommandos, hier suche ich Blindgänger aus den Streubombenangriffen der Amerikaner. Das ist kniffliger als alles andere," meint die junge Frau, „diese Bomblets streuen in einem Radius von fünf Kilometern und reagieren auf die kleinste Berührung. Mit Landminen haben es die Pioniere auf Einzelpersonen abgesehen, aber Bomblets sollen gleich mehrere Menschen töten oder verletzen."
Vera Bohlen ist die einzige deutsche Minensucherin und Minenentschärferin. „Wenn ich gut drauf bin,

mache ich pro Tag 100 Blindgänger unschädlich."
„Wie hält 'frau' ein solches Himmelfahrtskommando aus?" will Hans Fink wissen.
„Den eigentlichen Stress bereitet mir die Ausbildung von einheimischen Minenräumern. Viele haben keine Vorstellung von der Sensibilität dieser heimtückischen Waffe, sie stolpern durchs Gelände, als gelte es Kartoffeln zu sammeln."
„Für die rund elf Millionen wild verbuddelter Minen gibt es bereits 4800 lokale Minenräumer, doch die haben keine Ausbildung im Erkennen und Räumen von Streubomben", erklärt Vera Bohlen.

Der Tierpark gleicht dem Land als still leidender Geisterzoo. Fast alle Gehege sind leer, defekt oder verdreckt. Es gibt ein paar Affen, die traurig-bettelnd an den Stäben hängen, Schakale in räudigem Fell, dann vier Steinadler in einem viel zu engen Käfig. Einst war Kabul auf seine siebzig Tierarten stolz, doch nach dem Wüten der Raketenangriffe kam der Hunger und das große Sterben. Der Zoo liegt in der von den Clan-Chefs heiß umkämpften Altstadt. Zurück blieben Stallungen mit Pockennarben alter Einschüsse, Mauerstümpfe, ein windschiefes Vogelhaus, ein Fischbassin ohne Wasser, mit Algengrün verkrustet, als Abfallcontainer missbraucht. Paviane, Schakale, die Adler und zwei Wüstenwarane versuchen sich – misshandelt, unterernährt, vernachlässigt – als Überlebenskünstler. „Sambo", der Bär, erweckt Mitleid und Wut. Seine Schnauze ist eine große offene Wunde. Meister Petz hat man mit Eisenstangen traktiert, erfahren wir von Abdullah, dem Zoowärter, der nicht minder heruntergekommen aussieht. Die

Schnauze heilt nicht, weil der Bär seine Wunde ständig an den rostigen Gitterstäben reibt.
Uns interessiert besonders „Marjan“, der einäugige Löwe. Sein Schicksal hatte die ganze Welt bewegt. Marjan wurde zum Symbol für die Hoffnung auf bessere Zeiten. Er hatte die Invasion der Sowjetunion, den Bürgerkrieg, die Taliban und zuletzt die amerikanischen Bombenangriffe überlebt. Abdullah soll uns zu dem symbolträchtigen Löwen führen.
„Das ist nicht möglich“, sagt der Tierwärter traurig, „Marjan ist vor einigen Wochen gestorben, lahm, halb blind, zahnlos – an Altersschwäche.“
Das linke Auge verlor der Löwe übrigens nicht im Krieg, sondern durch den Anfall von Imponiergehabe eines männlichen Besuchers, erzählt der Wärter. Der Zoobesucher kam aus dem Pandschir-Tal, das auch „Fünf-Löwen-Tal“ genannt wird. Es ist für seine mutigen Kämpfer bekannt.
Abdullah: „Mit dem Ruf: ‚du bist ein Löwe, ich bin fünf‘, sprang der Mann über Graben und Absperrung, um im Gehege einen Ringkampf mit Marjans Gefährtin, einer ausgewachsenen Löwin, zu beginnen. Diese biss dem Übergeschnappten kurzerhand die Kehle durch. Der „Held“ starb. Tage später erschien der Begleiter des Pandschir-Mannes wieder und warf als Vergeltung eine Handgranate ins Gehege. Dabei verlor Marjan ein Auge.“
Für die Information hat sich der Tierwärter einen Obolus verdient. Mit dem Hinweis: „Für die Tiere und mich“, gleiten die Scheine in seine Tasche. Lohn als städtischer Zoowärter hat er schon lange nicht mehr gesehen.
Auch ein anderer Löwe ist tot, der „Löwe des Pand-

schir“ für viele ganz Afghanistans: Ahmed Schah Massud, einst Führer des Widerstands gegen die Russen, dann gegen die Taliban. Am 9. September 2001 ermordeten ihn zwei Selbstmordattentäter aus Marokko, die sich als Journalisten ausgaben. Während des Interviews im Pandschirtal feuerte einer der Männer durch seine Kamera auf den Nationalhelden, dessen Konterfei noch heute auf Hausfassaden der Stadt oder auf Schreibtischen und an Stubenwänden zu sehen ist. Seine Landsleute verehren ihn wie eh und jeh. Seine Armee stürzte 1992 den kommunistischen Staatschef Nadschibullah. Als der Bürgerkrieg ausbrach musste er sich in dem Norden verschanzen. Als anerkannte Führer der Nordallianz kämpfte er gegen Al-Qaida, Bin Laden und Taliban...

Zwei Stunden später sitzen wir auf einem Mannschaftswagen und begleiten eine Patrouille durch Distrikt 10.

Zuvor hatte Gerd Oberfeldwebel Hundeisen, Deckname „Gerhardt“, als Patrouillenführer eingeteilt. Hundeisen versammelte die Männer vor seinem Jeep, breitete auf der Motorhaube eine Karte aus, erklärte den Auftrag, die Vorgehensweise, dann den Verlauf der Strecke. Der Routenplan wird ständig geändert. Verhaltensweisen, Maßnahmen im Ernstfall sind längst bekannt, werden jedoch immer wiederholt. Funkverbindungen werden überprüft. Alles ist Routine. Nichts darf dem Zufall überlassen bleiben. Vorsicht und Wachsamkeit sind oberstes Gebot. Rund um die Uhr fahren Patrouillen durch die Straßen Kabuls. Bisweilen auch gemeinsam mit afghanischen Polizisten. Die Devise heißt: Präsenz zeigen, Sicherheit demonstrieren.

Mit: „Aufsitzen!“ Schloss er die Einweisung. Der Konvoi rollte durchs Tor und auf Kabul zu. Dreißig Kilogramm schleppt jeder Soldat mit sich herum: Schutzweste, Waffe, Funkausrüstung.
Aus der Fahrbahn kriecht die Hitze. Fahrtwind kühlt nur mäßig. So zwischen den Soldaten fühlen wir uns wie im Einsatz. Gefreiter Klaus Binder, neben mir, hat die Knarre zwischen die Knie geklemmt und starrt in Fahrtrichtung. Sein Halstuch hat er, des Staubes wegen, über Mund und Nase gezogen, die Augen schützt eine schwarze Panoramabrille. Ihm ist nicht nach Konversation zu Mute. Dennoch erfahre ich, dass er seine Tage in Afghanistan zählt. Er hat die Nase gestrichen voll. Ihm kam die Zeit in der Fremde wie ein ewig währendes Fiasko vor. „Und warum?“ „Erst fing ich mir ein Magen-Darmvirus ein, dann plagte mich die Stauballergie, schließlich erfuhr ich, dass mich meine Verlobte sitzen ließ - für mich hat sich das Kabulabenteuer nicht gelohnt!“
Vor dem Büro der Loya Jirga kommt der Befehl zum Absitzen. Oberfeldwebel „Gerhardt“ erkundigt sich, ob die weitere Bewachung des Gebäudes durch die ISAF noch vonnöten sei. So eine Frage ist nicht mit ja oder nein beantwortet. Darüber wird in großer Runde diskutiert. Bei frisch aufgebrühtem Tee und Gebäck natürlich. Im Nu ist der Raum des Bürochefs übervoll. Das Palaver verlagert sich auf die Gänge. Arbeitslose Mudschaheddin mischen sich ein. Jetzt gibt’s nur ein Thema: Die Eroberung Kabuls. „Gerhardt“ schaut nervös auf die Uhr.
Draußen sichern die Kameraden die Straße und den wartenden Konvoi, was auch zu einem Menschenauflauf führt. Schulkinder eilen neugierig heran, eini-

ge wollen mit gerade gelernten englischen Vokabeln brillieren, andere betteln um Geld oder Süßigkeiten. Für solche Fälle hat Feldwebel Holzt immer einige Bonbons parat. Als die Kinder immer kecker und zahlreicher werden, treibt sie ein Lehrer mit Stockhieben auseinander.

Ein uralter Mann auf einem Esel reitet gemächlich die Straße entlang. Auf gleicher Höhe mit den Soldaten huscht ein freundliches Lächeln über sein ernstes Gesicht. Sein Winken begleitet wohlwollendes Nicken. Ein Bild tiefen Einverständnisses. Ich merke, dass selbst dem Gefreiten Binder die Geste wohltut.

Unterdessen wird im Büro lautstark debattiert. „Gerhardt" sitzt auf Kohlen, die immer heißer werden. Nach einer Stunde ist seine Geduld am Ende: „Künftig Wache ja oder nein?" ruft er dem Büroleiter zu. Der schaut ihn entgeistert an: „Aber darüber muss doch noch befunden werden!"

„Okay, befindet darüber. Wir schauen Morgen vorbei. Vorerst wird das Büro weiter bewacht!" Damit rücken wir ab. Die Kolonne setzt sich in Marsch. Der nächste Halt im Hof des Polizeipräsidiums des 10. Arrandissements ist heikler. „Gerhardts" forsche Art kommt bei dem Polizeigeneral nicht so gut an. General Abdul Sadoor Khan sitzt an einem winzigen Schreibtisch in einem Büro mit den Ausmaßen eines Tanzsaals. Hinter ihm, an der Wand prangt ein Ölgemälde mit dem Bildnis Schah Massuds. Auf dem Schreibtisch steht ein kleines Foto von Hamid Karsai. Wir sitzen auf Küchenstühlen an der Wand und „Gerhardt" versucht dem General nun wohl schon zum x-ten Mal klar zu machen, dass er endlich die schwarze Folie an den Fenstern der VW-Busse entfernen lassen möge. „Es ist nicht gut, wenn jeder sieht, was in den Polizeibussen passiert. Außerdem brauchen bestimmte Verhaftungen nicht beobachtet werden“, meint Abdul Sadoor.

„Das ist es doch gerade, General. Geheimniskrämerei sät Misstrauen, Misstrauen bringt Unruhe. Deutschland hat Ihnen die Flotte geschenkt, damit sich die Polizei als Freund und Helfer präsentiert, nicht als Geheimpolizei in deutschen Fahrzeugen. – Die Folie muss runter!“

„Das bestimmen wir. Die Wagen fahren in Afghanistan und hier haben Polizeifahrzeuge schwarze Scheiben.“

„Um des Vertrauens Willen, die Folie muss runter!“

„Seit wann bestimmt der Gast über die Verwendung der Gastgeschenke?“ fragt Abdul Sadoor barsch.

„Gerhardt“ ist wütend, weil er beim General keine Einsicht erkennt. Dennoch wechselt er sicherheitshalber zu einem Thema, von dem er weiß, dass die Polizei gute Arbeit geleistet hat: „Gratulation, General, den Unfallflüchtigen haben Sie ja schnell gefasst!“ Entspannt grinst der Polizeigeneral. Wer wird nicht gern gelobt. Den Ermittlungsstand im Mordfall des Stellvertreter Karsais spricht „Gerhardt“ nicht an. Das Eisen ist ihm zu heiß. Wahrscheinlich verläuft die Aufklärung des Attentats ja ohnehin im Sand? Voll des gegenseitigen Lobes ist man beim Stand der Polizeiausbildung. Die vermittelten Kenntnisse beeindrucken den General, im Gegenzug lobpreist „Gerhardt“ Einsatz und Auffassungsgabe der Ordnungshüter.

Verschwitzt und staubbedeckt rollt unser Konvoi vier Stunden später durchs Camp-Tor. Unterdessen

hat sich die Nachtpatrouille für ihren Einsatz gerüstet. Die Journalisten besorgen sich ein Taxi, um das Gästehaus aufzusuchen. Ich rufe Gerd an. Er erscheint eine halbe Stunde später im Stabsgebäude, nach Ausgabe der letzten Befehle an seine Kompanie. Wir gehen durch die Zeltstadt. Gleich hinter „Wieseln“ und anderen Fahrzeugen befindet sich seine Behausung: Ein großes Zelt mit Vorplatz, langem Tisch und Bänken. Unter dem Zeltdach eine Sitzgruppe mit allerlei Funkgeräten, Kühlschrank, Computern, Plänen und Karten, quasi das Büro des Kompaniechefs. Dem schließt sich eine Apsis von zwei mal drei Meter an, die mit einem Feldbett und einem Spind voll belegt ist. Ich schaue mich um. Das ist also das Reich eines Offiziers der Bundeswehr für sechs Monate in Afghanistan. Die alten Spartaner hausten mit Sicherheit nicht einfacher! Bevor wir uns drüben beim „Präsi“ einfinden, gesellen wir uns zu einigen von Gerds Zugführern, die gerade dienstfrei haben. Dienstfrei ist man im Camp eigentlich nie. Immer werden Ereignisse besprochen oder Dienstpläne erörtert, egal zu welcher Tageszeit, egal an welchem Ort. Das ist das Los kasernierten Lebens.
Der „Präsi“, Batallionskommandeur Karsten, wohnt im Zelt 200 Meter östlich von Gerd. Er hat es sich auf einem Klappstuhl in der Abendsonne bequem gemacht und unterhält sich mit einer schwarzhaarigen, herben Schönheit auf deutsch. Siba Shakib? kommt es mir in den Sinn. Richtig, sie wird mir mit Frau Shakib vorgestellt. Ich habe ihren Bestseller gelesen, in dem es um das Leben des Flüchtlingsmädchens Shirin-Gol geht. Dem Buch stellt sie ein Wort Albert Einsteins voraus: „Peace can not be

kept by force. It can only be achieved by understanding." Wie wahr!
Siba Shakib ist eine engagierte Frau, die unermüdlich für ein friedliches Afghanistan, aber auch für die Rechte der Frauen in diesem Land kämpft. In Kabul hat sie ein Streetworker-Projekt für verstoßene Frauen gegründet. Gleichzeitig arbeitet sie an ihrem neuen Buch „Samira & Samir." Dafür wird sie wieder kreuz und quer im Land unterwegs sein. Sie erzählt vom Reisen durch Afghanistan, als ging es um eine Städtetour in Deutschland. Oberstleutnant Karsten bedauert ihren baldigen Aufbruch, hat sie doch mit ihren Landes- und soziologischen Kenntnissen der ISAF besondere Dienste geleistet. „Ich habe mich um 20.00 Uhr im Khyber Restaurant verabredet", sage ich und bedaure, ungemütlich zu werden. Die Iranerin Shakib und der Oberstleutnant, der mich mit seinem schiefen Lächeln immer lebhafter an John Wayne in der „Schlacht von Alamo" erinnert, sind ein interessantes Gespann. Sohn Gerd kommt mir in der Runde wie der intellektuelle Jungdiplomat Markus Miller aus „Karawanen der Nacht" vor. Miller, der die in Afghanistan verschollene Ellen Jaspar suchen soll. Mit dem Unterschied, das eine Frau Jaspar noch nicht entschwunden ist.
„Khyber?" fragte Shakib nach, „das edelste Restaurant in Kabul. Nur etwas für Ausländer. Hat gerade erst eröffnet."
„Ich treffe mich dort mit einem Afghanen."
„Dann kommt der Afghane aus dem Ausland oder Sie übernehmen die Rechnung", lacht Shakib.

„Nur ein Verrückter wird
Ihnen die ganze Wahrheit
über die Ereignisse erzählen."
(Sowjetischer Veteran des
Afghanistankrieges)

Ein Leben am Abgrund

Auf der Fahrt zum Restaurant erzähle ich Gerd von Haji Khairi. „Der Typ mit den wirren Augen und der Glatze? Sieht aus wie Ben Kinsley."
„Moment mal, woher kennst du den?"
„Als ich ging, kam er uns gestern Abend entgegen und fiel mir auf. Irgendwie krank oder wahnsinnig kam er mir vor. Mein Gefühl sagt mir, mit dem stimmt was nicht. – Pass auf."
„Mein Gefühl sagt, ein Mann, der was zu erzählen hat – wenn er erzählt! Komm' rein und mach' dir ein Bild, er lebt übrigens auch in Hamburg."
„Geht nicht. Zum einen muss ich für Morgen etwas vorbereiten, zum anderen hat die ISAF ohne Auftrag in Restaurants nichts zu suchen."
Khairi sitzt an einem Tisch in der Nähe des Büffets. Ich sehe mich in dem ungeahnt feinen Laden um. Der Pächter oder Besitzer geleitet mich an Khairis Tisch, als sei ich ein Stammgast. Im geschmackvoll eingerichteten Restaurant fällt mein Blick auf Ölgemälde afghanischer Kulturstätten: Das Minarett von Dscham, die Stupa von Guldara, die Zitadelle von Herat, das Minarett von Ghazin ... eine eindrucksvolle Kollektion. An den „Buddhas von Bamian" bleibt mein Blick haften. 2001 sprengten die Taliban das

Weltkulturerbe aus dem Stein mit der Begründung, es sei ein Affront gegen den Islam. Welch eine Schande!

„Bamian interessiert mich“, sagte ich, als ich Khairi begrüßt hatte. Er war aufgestanden und legte die rechte Hand an die Brust. „Ein mystischer, ein historischer Platz“, meinte er, „per Auto zehn Stunden von Kabul entfernt. Das Tal beherbergt mittelalterliche Orte, die ‚Rote Stadt' zum Beispiel...“

„...und einst die größten Buddha-Statuen der Welt.“

„Bamian gehörte zweifellos zu den attraktivsten Sehenswürdigkeiten des Landes.“

Das Lokal ist gut besucht, allerdings, wie Shakib es prophezeite, hauptsächlich von europäischen Ausländern. Ein Gemälde über dem Büfett spiegelt die raue Seele des Bergvolks wider: es zeigt eine Szene des Reiterspiels buskaschi, in der die Meute sich einen blutigen Ziegenbalg abjagt. Darunter befinden sich Speisen der feinen Küche Afghanistans. Unsere Empfindlichkeit gegenüber der Natur wird selbst in Europa nicht immer geteilt. Khairi bemerkt zu dem Bild: „Das Ziel des Reiterspiels besteht darin, das tote Tier aufzunehmen und wie den Ball beim Rugby, an der gegnerischen Mannschaft vorbei an einen fernen Punkt zu bringen. Dabei wurde der Balg schauerlich zerfetzt. Guerillas spielten buskaschi mit gefangenen russischen Offizieren, die lebend in die Arena geworfen wurden.

Mit Tellern, angefüllt von hameh dschureh (Mixed Pickles), dulmai kaduturai (Zucchini-Omlett), morgh shekumpour (gefülltes Hühnchen) balancieren wir an die Plätze zurück.

„Sie sind kein Geschäftsmann, was machen Sie im

Land?“ fragt mich Haji Khairi unvermittelt.
„Afghanistan ist das Land meiner Träume. Ich will es endlich besser kennen lernen.“
Der Mann schaut mich nachdenklich an, schließlich meint er: „Für Touristen ist die Zeit noch nicht reif. Begeben Sie sich nicht zu weit hinein. Die Menschen sind unberechenbar. Sie fügen sich Wunden zu, die nie mehr heilen – hören Sie auf meinen Rat. Ich spreche aus Erfahrung.“
„Es gibt noch einen Grund: Mein Sohn ist Soldat hier.“
„Bei Allah, wie schrecklich!“
„Schrecklich? Er hilft Ihr Land zu stabilisieren und aufzubauen!“
„Ich weiß nicht ob Afghanistan noch mein Land ist. Wenn ich nachts schreiend aufwache, haben mich Alpträume an diese Heimat gepeinigt – und das schon viele Jahre! – Soldat ist Ihr Sohn? Soldat einer fremden Macht. – Ah, der junge Mann, der mit dem Jeep wegfuhr? Ich war Soldat der regulären afghanischen Armee, aber einer Macht, die Sowjetunion hieß. Mein Vater war General. In den Untergrund wollte er nicht, also musste er gehorchen und ich wurde eingezogen. Zwangsrekrutiert wurde die friedliebende Jugend, genau wie unter den Guerillas die sich Mudschaheddin nannten.“
Haji Khairi hält inne, als bereite es ihm körperliche Schmerzen weiter zu erzählen. Gern würde ich ihm tausend Fragen zu dieser irren Zeit stellen. Doch ich weiß, dass ich ihn nicht drängen darf. Endlich, bei lawang (Quarksuppe mit Brot, Fleisch, Zwiebeln, Quark und Pfeffer) entschließt er sich zu erzählen. Heute weiß ich, dass es Gerd ist, der ihn veranlasst

sein Leben auszubreiten. Der fremde Soldat in seinem Land! Soll ich seine Geschichte als Warnung verstehen?
In Wirklichkeit rangen in Afghanistan von jeher konservative gegen progressive Kräfte um Macht und Einfluss. Dabei ist den Anführern kein Mittel schlimm genug, keine Grausamkeit zu unmenschlich. Den konservativen Block bilden die Mullahs, die ebenso gut ungebildete Bergdörfler, wie in Kairo geschulte Akademiker sein können. Reformen, wie sie die Sowjets mit Präsident Barak Karmal planten, konnten niemals ihre Zustimmung finden. Da sollten Jungen und Mädchen gemeinsam zur Schule gehen, da sollte Grundbesitz enteignet, das Brautgeld abgeschafft werden. Frauen sich per Dekret unverschleiert auf der Straße zeigen. Schließlich verkündeten kommunistische Junglehrer aus Kabul: „Es gibt überhaupt keinen Allah." Welch' perfide Gotteslästerung, die da aus der Hauptstadt, dem „sündigen Herzen Afghanistans" in die Dörfer getragen wurde? Immer schon stand archaischer Ehrenkodex vor staatlichen Gesetzen und so muss es bleiben predigten Mullahs. Freizügigkeit wurde zurückgepeitscht, mittels Hasstyraden aus den Moscheen, mittels Waffengewalt der Mudschaheddin. Mit unvorstellbarer Grausamkeit kämpften die Gesellschaftssysteme.
„Keine Seite gab Pardon. Wer in Gefangenschaft geriet wurde gefoltert. Waren alle Informationen herausgepreßt worden, wurde der Gegner getötet. Mehrmals dachte ich ans Desertieren. Damit hätte ich meine Familie, die ganze Verwandtschaft gefährdet. Ich musste Unteroffizier werden, wurde zum Folterknecht ausgebildet. Nägel ziehen, Knochen

brechen, Elektroschocks verabreichen, Scheinhinrichtungen durchführen, mit dem Knüppel Weichteile schmerzhaft traktieren. Mir gellen noch die Schreie der Misshandelten in den Ohren. Im Juni 1986, es war ein Mittwochabend, nie werde ich den Tag vergessen, ich war gerade 19 geworden, schleppten Russen drei Mudschaheddin in meinem Alter in den Verhörraum unserer Kaserne und warfen sie mir vor die Füße. Trotz ihrer verquollenen Gesichter erkannte ich die Kämpfer sofort. Es waren einstige Freunde aus dem Nachbardorf im Baba-Tal. Ich wusste, dass sie in den Untergrund gegangen waren, um für Massud gegen die Russen zu kämpfen. Ein Spähtrupp hatte sie aufgegriffen und in die Mangel genommen, damit sie Aufenthaltsort, Truppenstärke und Pläne des gefährlichen Staatsfeindes verrieten. Natürlich war aus ihnen nichts herauszuprügeln. Ich sollte sie nun einer Sonderbehandlung unterziehen. Als die Drei sich stöhnend aufrichteten, sah ich, dass ihre Hosen im Schritt blutbesudelt waren. Ich ließ nachschauen ... und verließ den Raum, um mich zu übergeben. Den jungen Männern hatte man die Hoden zerquetscht. Einfach zwischen Steinen zermalmt. Ich spielte mit meinem Leben, als ich veranlasste, dass die Mudschaheddin nicht weiter gefoltert, sondern erst einmal versorgt wurden. Sobald sie einigermaßen hergestellt waren, wollte ich ihnen zur Flucht verhelfen. – Nördlich von Jalalabad wurden zwei Hubschrauber abgeschossen, dabei kamen zwölf Russen ums Leben. Wenig später erschien ein Major des KGB und brüllte nach den drei Gefangenen. Dann nach den Übersetzungen der Verhörprotokolle, die er überflog und wütend auf den Boden

schleuderte. Ich verstand nur: „Kollaborateur, Verräter, erschießen sofort!" Angstschweiss perlte mir über Stirn und Kragen. Ich sagte: „Jawohl, erschießen, später."
„Jetzt!" schrie der Major, riss seinen Revolver heraus und presste mir den Lauf an die Stirn. Er drückte ab, es machte 'klick'. Ich sackte zusammen. Die drei Guerillas, meine einstigen Freunde, exekutierte ein Kommando im Hof. Die Härte des Krieges wurde immer erbarmungsloser, die Folterpraktiken übertrafen einander auf dieser – wie auf der Seite der Guerillas. Damit die Folterer dem Druck gewachsen waren, teilten die Vorgesetzten Wodka und Drogen aus. Wodka für uns Muslime! – Ein Vierteljahr später geriet mein Vater auf einem Inspektionsflug bei Khowst, ganz im Osten, in einen Hinterhalt. Kurz darauf erfuhr ich, dass er regelrecht massakriert wurde, ganz langsam sollen ihm Mulis der Freischärler Arme und Beine ausgerissen haben. Das Bild versuchte ich mit Drogen zu verbannen, doch im Rausch verfolgte mich die Szene nur noch ärger. Was einzig blieb, war die Flucht vor den Menschen, vor diesem Land. Ich desertierte über die Grenze in den Iran und flüchtete nach Deutschland. Dort beantragte ich politisches Asyl."
Khairi seufzt, als sei ihm gerade eine Zentnerlast von der Schulter gefallen. Schweigen hängt zwischen uns, wie ein schwarzes, gähnendes Loch. Ich stelle mir vor, wie Haji Khairi in all' den Jahren versucht hat, das Blut von den Händen zu waschen. Gelingt es, sich von dieser Schuld zu befreien? Und wie tilgt ein Sohn das Bild von der Hinrichtung seines Vaters? Haji stochert im Essen herum. Als er aufblickt, sind

seine großen schwarzen Augen feucht. Er schüttelt den Kopf: „Warum erzähle ich Ihnen das alles? Es tut mir leid – entschuldigen Sie!"

Ich weiß, warum er sich ausgerechnet mir mitteilt.

„In Deutschland wurde ich freundlich empfangen, herzlich sogar. Meine Unterkunft war ein Wohnschiff am Neumühlener Elbufer mit Blick auf den Fluss und auf schöne Häuser, von der Ausländerbehörde betreut. Vielleicht kennen Sie das Asylantenschiff 'Bibby Altona'?"

Natürlich kenne ich es und weiß um die Drogenprobleme, die die Behörde mit schwarzafrikanischen Asylanten hat.

„Alles war sauber, so ordentlich, so friedlich. Und ich habe die Gastfreundschaft schändlich missbraucht! In mir tobte der Teufel. Können Sie das begreifen?"

„Doch – ja. Der Krieg hatte Ihre Seele zerstört, dafür mussten Sie sich rächen. Die Wut musste heraus."

Seltsam, der Fremde wurde mir vertrauter. Ich musste mich mit ihm beschäftigen, ob ich wollte oder nicht!

„Man war gut zu mir und ich war so böse." Und dann lässt er heraus, was in Hamburg geschah. Ich komme mir schäbig vor, wie ein Voyeur, der sich am Schicksal anderer weidet. Aber einem Impuls folgend bin ich begierig mehr über Khairi zu erfahren. Vielleicht bereitet es ihm Erleichterung, über sich mit einem Fremden zu sprechen, tröste ich mich.

Im Containerschiff war Khairi zum Nichtstun verurteilt. Er starrte die Wände an, immer das Bild des malträtierten Vaters vor Augen, ständig die Schreie Gefolterter im Ohr. Von den Händen troff das Blut seiner Untaten. Er bekam etwas Geld, doch damit ließ sich der Schmerz nicht ertränken, es weckte vielmehr die Gier nach mehr.

Das Verlangen nach dem köstlichen Leben der Anderen wurde übermächtig. Und die Versuchung lag da – täglich zum Greifen nah vor ihm. Es fing mit Tabletten an. Vor Diskotheken dealte er mit Ecstasy, dann mit Hero (Heroin) und Crack, so zum Zeitvertreib, aber erfolgreich. Er entdeckte sein Händchen fürs Kaufen und Verkaufen. Zur Beruhigung setzte er das Geld in einen Textilhandel ein. Doch die Bilder seiner Heimat wollten nicht aus seinem Hirn. So wurde er selbst zum Junkie. Wurde straffällig, in mehrere Schlägereien verwickelt, landete im Gefängnis. Abschiebung ins Bürgerkriegsland Afghanistan war nicht möglich. Die Abwärtsspirale rotierte. Wieder draußen, neue, aberwitzige Delikte, Einweisung in eine psychiatrische Anstalt Hamburgs, ins berüchtigte Haus 18 in Ochsenzoll. Ein Landsmann bürgte für ihn, betreute ihn als Bewährungshelfer. Wieder die Vergangenheit, die Alpträume, der Vater, der unbändige Teufel in ihm. Die nächste Einlieferung.

Der Landsmann gab nicht auf. Befreite ihn aus der Endstation und brachte Khairi mit Shasna, einer Pakistanerin zusammen, die einige Semester Medizin studiert hatte. Bei Allah, vor den Sippen, bei seinem hingerichteten Vater schwörte er endlich, ein anständiges Leben zu führen. Ihm wurde geglaubt. Shasna und Haji heirateten. Er lernte verbissen Deutsch und trichterte sich kaufmännisches Wissen mit Buchführung ein. Eine Tochter wurde geboren, ein Sohn ist unterwegs. Mit dem Kredit der Verwandtschaft machte er einen Laden auf. Der florierte und wuchs.

Khairi ist ein Kaufmann mit Intuition. Er findet Anerkennung, wird geachtet. Aus dem Laden entstand ein Supermarkt am Steindamm: Möbel, Schuhe, Kleidung, Geschenkartikel... Ein zweiter Supermarkt wurde in Billstedt eröffnet.

Jetzt ist der Fremde hier, wieder in seinem Land, er will Waren kaufen, weitere Geschäfte eröffnen. Auf seine Weise helfen und ein Beispiel geben, wie ein Gestrauchelter erst verloren hat, wenn er sich selbst aufgibt. Khairi gab sich nicht auf und hat Freunde gefunden, die an ihn glaubten und weil man an ihn glaubte, hat er sie nicht enttäuscht. Das ist die Kraft der Hoffnung. Ein Urglaube, der in Individuen aller Kulturen und Gesellschaftssystemen vorhanden ist. Eine große Kraft, die stärker ist als das Böse!

Der Afghane lächelt müde. „Bin ich hier als gemachter Mann, als arrivierter Unternehmer? Nein. Sie können mir glauben, ich weiß wie dünn das Fundament ist, auf dem mein Erfolg beruht. Ich bin hier aus Dankbarkeit. Dämonen haben mich vertrieben. Dämonen können mich einholen und vernichten. Hilfe, die ich erfuhr, bringt mich zurück, damit auch ich etwas helfen kann. Auf diese Weise bändige ich den Teufel in mir und die entsetzliche Vergangenheit."

Nachdenklich schaue ich in sein Gesicht. Welche Kräfte, welche Höhen und Tiefen bezwang dieser Mensch? Wer nie ein tiefes Tal durchschritt, weiß nicht wie köstlich Höhen wirken. Wie gradlinig, wie ungeprüft verlief dagegen mein Leben!

„Obwohl ich erzählt habe, was ich nie erzählen wollte, haben Sie mir zugehört. Danke. – Danke auch an Ihren Sohn!"

„Doch nicht schrecklich, Soldat in Afghanistan zu sein?“
„Er steht auf der richtigen Seite. Ich stand auf der falschen.“
Wir schweigen wieder. Merkwürdig, die Beichte Khairis hat mir viel gegeben. Auch ich habe ihm zu danken. Wir stehen auf, wir lassen ein Taxi rufen und fahren hinüber zum Gästehaus, in unsere Herberge.

Vom Guerilla zum Soldaten

Unentwegt denke ich an Haji Khairi und seine Zeit in der Armee. Und an die Legende von Kabul: In dem Tal ruhte einst ein riesiger See. Über das Gewässer ließ der König aus Stroh (Kah) eine Brücke (pul) bauen und gründete Kabul. Doch die Stadt wurde von Mächtigen Fremden aus Eigennutz zerstört.

Warum ich daran denke? Major von Stein führt uns in ein Umschulungscamp, in dem aus undisziplinierten Kämpfern die afghanische Nationalgarde entstehen soll. Die Ausbildungsstätte ist eine alte Kaserne in Sichtweite des Hauptquartiers der deutschen Schutztruppe (Camp Warehouse). Nach westlichen Maßstäben wird hier aus einem „wilden Haufen" eine schlagkräftige Einheit geschmiedet. Der Andrang ist gross. Bärtige Waffenträger aus den Städten oder struppige Typen aus den Bergen strömten, ja treffen immer noch ein und wollen sich von der ISAF ausbilden lassen.

Einst gefürchtete Kämpfer tauschen ihren Wollpokol in ein dunkelblaues Barett, ihre Pluderhosen in grüne Tarnanzüge. „One, two – one, two!" brüllt der britische Sergeant über den Kasernenplatz. Doch die Sache mit dem Gleichschritt klappt nicht so recht. Exerzieren muss sein. Formalausbildung gehört zur Ausbildung. Also noch mal ... und noch mal: „One, two – one, two!" Die kleine Gruppe tritt immer wieder in Dreierreihen an, bis der Schwenk um eine Kurve leidlich im Gleichschritt hinhaut.

„Abteilung halt! – rechts um! – Still gestanden! – Das klingt, als würd` ein Kamel auf's Trommelfell scheißen!" Total verkrampft stehen die Männer da.
„Zur Meldung an den Major – die Augen links! – Verdammt, 'bei die Augen links' fliegt der Kopf so zackig rum, dass dem Nebenmann der Schnodder um die Ohren fliegt – klar!"
„Danke", der Major grüßt und befiehlt: „Lassen Sie wegtreten, Sergeant!" Der Feldwebel lässt wegtreten und meint augenzwinkernd: „Aus den Männern schleifen wir Diamanten, die später ihre eigene Nationalgarde ausbildet."
Gedacht ist, dass die Garde nur den Befehlen der Regierung untersteht. Die unterschiedlichen Stammesfürsten und warlords des Hinterlands werden keinen Einfluss haben. „Diese Truppe soll für Afghanistan und seine Bewohner, nicht für die Clans arbeiten. Das klappt natürlich nur, wenn Karsai die Soldaten ordentlich bezahlt. Und das Geld müssen die Verbündeten, also unsere Regierungen, zur Verfügung stellen", meint Presseoffizier von Stein.
„Ein schwieriges Unterfangen in einem Land, in dem die Stammeszugehörigkeit über dem Nationalbewußtsein steht. Bei der Rekrutierung der neuen Soldaten muss darauf geachtet werden, dass jede Volksgruppe in gleicher Stärke vertreten ist. Die Bewerber sind auf ihre Vergangenheit und Zuverlässigkeit hin zu überprüfen. Kriegsverbrecher, Taliban- oder Al-Qaida-Anhänger dürfen in der Garde keine Chance haben. Selbstverständlich spiele auch die geistige und körperliche Tauglichkeit eine Rolle. Diesen Check bewerkstelligt ein deutsches Ärzteteam im Rahmen der ISAF", erfahren wir von Hauptmann Dr. med.

Hornbach.
Sechs Wochen währt die Grundausbildung. Kasernenhofdrill nimmt nur einen geringen Platz im Lehrplan ein. Wichtiger ist schon Minenräumen, Verhalten bei Demonstrationen, Nahkampfausbildung oder theoretische Wertevermittlung: Verhältnismäßigkeit des Handelns, Treue und Verlässlichkeit gegenüber dem Staat Afghanistan, Korruption und passive wie aktive Bestechlichkeit. Bei einer weiteren Gruppe steht „Lenkung großer Menschenmassen bei Demonstrationen“ auf dem Lehrplan. Auf den großen rechteckigen Schutzschilden aus durchsichtigem Polycarbonat prangt „Carabinieri“. Rekruten üben das gesicherte Vorrücken in Doppelreihen. Schlagstöcke werden rhythmisch mit viel Gebrüll auf die Schilde geschlagen. Demonstranten beeindruckt solch ein Aufmarsch, den angehenden Gardisten nimmt es das Muffensausen.
Instrukteur, Schutzausrüstung, Schlagstöcke stammen aus Italien. Eine andere Gruppe wird von österreichischen Soldaten angeleitet. Fünfundzwanzig Afghanen hocken hoch konzentriert in einem Halbkreis. Gebannt verfolgen sie, wie ein österreichischer Unteroffizier Millimeter für Millimeter den Boden absucht. „Minen aufsuchen und entschärfen“ wird hier vermittelt. Mit Sicherheit versieht dieser Räumdienst derzeit die wichtigste Aufgabe im minenverseuchten Afghanistan!
Nicht minder international wie die Ausbilder, die aus fast allen ISAF-Nationen kommen, ist die Ausrüstung der jungen afghanischen Armee: Uniformen liefert die Türkei, Waffen und Munition stammen aus verschiedenen Ländern, Verpflegung der Rekruten

stellt die Niederlande ... und der Sold? Der hat bisher noch keinen Mäzen gefunden. Der einzige Anreiz für die altgedienten Gotteskämpfer ist eine Schlafstelle und pro Tag drei Mahlzeiten. Ob das reicht, die aus Drogengeldern gut bezahlten Stammesmilizen zu entwaffnen, wenn nicht gar zu bekämpfen? Karsai stellt sich eine schlagkräftige Armee vor, die mindestens 60 000 Mann stark ist. Ob dann die Nationalgarde die Anwesenheit der ISAF überflüssig macht? Wünschenswert, doch ferne Zukunft! Noch fuchteln Privatarmeen im Norden, Süden, Osten und Westen des Landes prahlerisch mit ihren Kalaschnikows und Panzerfäusten herum. Ein Afghane ohne Waffen? Unvorstellbar!

Nachts in Kabuls Altstadt ist es schwarz wie im After Asiens und so stinkt es auch. Durch die Gassen treibt der Wind Sand und Fäulnisgeruch herumliegenden Abfalls. Im Schritttempo rollt eine Kolonne an Lehmbauten vorbei, deren Wände windschief in den Himmel ragen. Die Enge ist bedrückend, geheimnisvoll, beängstigend. Hier huscht ein herrenloser Hund um die Hausecke, dort schleicht eine Katze auf Beutefang. Männer drücken sich an Wänden entlang. Kaum werden sie von den Fahrzeugscheinwerfer erfasst, verschwinden sie in höhlenartigen Eingängen. Nachtsichtgeräte klemmen über den Augen der Soldaten. Hauptmann Conte vorn im Jeep gibt ein Zeichen und lässt den Konvoi halten. Die Patrouille sitzt ab und schwärmt aus. Für Finstermänner und Heckenschützen bilden die Soldaten jetzt ideale Angriffsziele. Es nützt wenig, das G-36 im Anschlag zu haben, wenn von einem Kellerloch heraus im Rücken des Landsers ein Schuss kracht.

Während sich die Fahrzeuge langsam in Bewegung setzen, begleiten wir die Fußstreife. Trotz der Schussweste beschleicht mich ein Gefühl dumpfer Unsicherheit. Der Puls hämmert, das Herz pocht, alle Sinne sind gespannt. Die totenstille Nacht hat Augen und Ohren. Ich fühle mich beobachtet, jede meiner Bewegungen wird verfolgt. Es ist, als lasten viele lüsterne Augenpaare auf einer Tänzerin, die gerade ihren Tanga abstreift. Ein Knacken lässt herumfahren, da poltert ein Blecheimer, mit welcher Auswirkung? Bedrohung? Hinterhalt? Nur nicht falsch – nicht überreagieren. Die Menschen sind friedlich, deutsche Soldaten willkommen. Ich denke an Gerd, der vorn allein geht. Die Verantwortung ist beträchtlich. Falsche Reaktionen würden das Viertel in ein Chaos verwandeln, ein Blutbad anrichten. Wir marschieren weiter, sichernd, prüfend, unbeirrt. Wir Journalisten werden von Gerds Männern in die Mitte genommen, als schirmen Bodygards einen Minister ab. Das Ende der Gasse ist erreicht. Keine besonderen Vorkommnisse. Uff, die Spannung fällt vom Körper wie Mühlräder. Der imaginäre Feind hat sich verflüchtigt.

„Aufsitzen!" Im Konvoi rollen wir durchs nächste Viertel Kabuls. Drei Stunden noch, dann ist der Auftrag der Patrouille erfüllt. Der Präsenz ist genüge getan. Die Stadt schläft. Wirklich? Oder kommt jetzt die Stunde der Schmuggler und Waffenschieber?

Am äußersten Rand des Flughafens, hinter Sandsäcken verschanzt, finden wir „Heli Germania!", den Stützpunkt der deutschen Heeresflieger. Hier verse-

hen 85 Soldaten ihren Dienst. Ihr Auftrag: Evakuierungsbereitschaft im Notfall, Transportleistungen für die ISAF, Aufklärungsflüge, Luftaufnahmen zur Registrierung verdächtiger Objekte, um diese an die Bodenpatrouillen zu melden.
Im Tiefflug donnert ein CH-53 Helikopter über uns hinweg. Ohrenbetäubend schlagen die Rotoren. „Wir machen's wie die Amis," brüllt Major Wesel gegen den Lärm, „je tiefer, je sicherer. Beim hohen Fliegen wird man leicht zur Zielscheibe von Luftabwehrraketen."
„Was unterscheidet das Fliegen hier zu dem in Deutschland?" will Hans Finke wissen.
„Der besondere Schwierigkeitsgrad," sagt Wesel, „wir klemmen mit den Schutzwesten wie die Ölsardinen im Cockpit. Durch die Panzerung sind die Maschinen träger und gut der Hälfte ihrer Kapazität beraubt. Wir fliegen hier auf 2000 Meter Meereshöhe, was zu Hause ein Gebirgsflug ist. Dünne Luft und hohe Temperaturen reduzieren die Triebwerksleistung. Feinstaub setzt die Kühlschlitze zu, was zu schweren Motorschäden führt."
Wie eine graue Wand steht eine Staubwolke im Osten. Das sieht nach Sandsturm aus. Die Piloten werden rasch den Stützpunkt anfliegen müssen. So eine Sandwalze ist mindestens 500 Meter hoch. Den Piloten nimmt sie jede Sicht. Mit eingezogenen Köpfen eilen wir unserem Kleinbus zu, hier wird gleich die Hölle los sein.

Nordöstlich vom Camp Warehouse befindet sich eine wüstenhafte Senke, von Sanddünen und Steinhalden umgeben. Auf grundlosem Pfad wühlen wir uns in den Kessel, bis wir mitten drin sind – in einem gigantischen Panzerfriedhof. Vielleicht 1000 Panzer liegen kreuz und quer, teils übereinander sogar, zerfetzt, aufgerissen, einige äußerlich unbeschädigt im Sand der Wüste. Ein Waffenarsenal, ein schauriges Bild der Zerstörung, als habe hier gerade erst eine irre Panzerschlacht getobt. Die Schlacht von El Alamain konnte nicht schlimmer sein!

Was war geschehen? Hier befand sich ein Panzersammelplatz der Russen, später der Taliban. Heimlich hatten die Taliban für den Kampf um Kabul alle verfügbaren Kettenfahrzeuge und Panzerwagen zusammengezogen, um die Nordallianz konzentriert in die Flucht zu schlagen. Die amerikanische Luftaufklärung ortete die Armada und bombte sie in einer Blitzaktion in Grund und Boden. Wir dürfen den Schrottplatz aus nächster Nähe in Augenschein nehmen. „Bleiben Sie um Gotteswillen auf der Piste“, mahnt der Presseoffizier, „das ganze Gelände ist von Minen durchsetzt!“

Eine mächtige Staubwolke wächst aus einer Schneise, dann hören wir Motorengeräusche, die rasch anschwellen. In rasantem Tempo bohrt sich ein Konvoi durch den Sand. Vorne weg ein Jeep mit einem Fahrer, daneben ein Offizier, der lässig grüßt. Verblüfft erkenne ich Gerd. Mannschaftswagen folgen. Den Schluss bilden offene Geländefahrzeuge mit aufgepflanzten MGs, dahinter Soldaten, von der Staubfahne umhüllt. Die Männer tragen Panoramasonnenbrillen, ihre Schals haben sie um Kopf und Gesicht gewickelt. Schon ist der Spuk vorbeigerauscht. „Martialisch!“ entfährt es Christian Nagel, „wenn man es nicht besser wüsste, käme einem in

den Sinn: Rambos auf einem Wüstenritt.“
Im Camp erfahre ich, das Gerd mit einem Zug seiner Kompanie auf dem Schießstand hinter dem Panzerfriedhof Übungen durchzog.

„Non scholae sed

Pioniere und Schulprojekte

Drüben auf der anderen Seite des Tals rumste es dumpf. „Das war was Großes!“ sagt Stabsfeldwebel Heinz Rollmann, als der Donner einer fernen Explosion heranrollt. Unsere kleine Kolonne steht 15 Kilometer nördlich Kabuls, am Rande der Weißen Berge. Drüben quillt eine mächtige Explosionswolke in den blauen Himmel. „Mindestens eine Panzermine, wenn nicht eine Bombe, ging da eben hoch“, tippte der Pionier. Wir wollen unweit des nächsten Dorfs eine Schule besichtigen, die mit deutscher Hilfe aufgebaut wurde und den Lehrbetrieb eröffnete.
Doch die Aktivitäten drüben, auf dem Sprengplatz des Kampfmittelräumdienstes, lassen innehalten. Sie rufen Erinnerungen vom 7. März wach, als beim Sprengen einer alten russischen Flugabwehrrakete fünf Soldaten starben. Immer wieder finden und tragen deutsche Kampfmittelbeseitiger gefährliche, hoch explosive Altlasten zusammen, um sie zu vernichten. Dazu gehören auch so genannte Flaires, Täuschgeschosse sowjetischer Bauart, die wie ein Bündel Leuchtraketen bei ohrenbetäubendem Knall durch die Luft jagen und undoder Panzer- und Schützensplitterminen aller Art. Der ganze unsägliche Kriegsmüll muss in sicheren Sprengtrichtern professionell unschädlich gemacht werden. In Anbetracht der Menge des Teufelschrotts eine Herkulesaufgabe! Allein elf Millionen Minen, so wird geschätzt, liegen in Afghanistan wild verlegt herum.

Die prognostizierte Dauer der Räumung: 15 Jahre! Täglich werden zehn Menschen durch Minen verletzt oder getötet. Das Vieh oder Wildtiere, die in die Luft gehen, werden nicht gezählt. Seit Januar 2002 haben die Kampfmittelbeseitiger rund um Kabul 400 000 Stück Munition vernichtet...
Ein letzter Blick zur fernen Deponie menschlichen Zerstörungswahns, dann weiter, zum Aufbauprojekt „Kugja-Chascht-Schule“ Ein löbliches Beispiel für militärische Hilfe im Bereich Bildung und Kultur.
Wir folgen der staubigen Piste ins Dorf Kugja Chascht. Davor liegt links am Hügel ein Steinfeld. Rechteckige Felsen stehen aufrecht im Sand, wie abgebrochene Zahnstocher. Und an einigen Felsen stecken tote Äste, an denen Tuchfetzen im Wüstenwind flattern. Ein Mann kniet vor einer dieser Fahnen. Gerade wirft er einen faustgroßen Kieselstein auf ein Häufchen anderer Steine. „Ein Friedhof gefallener Mudschaheddin“, erklärt der Presseoffizier, „die tapfersten haben einen Schrein aus Fahnen und geschliffenen Kieselsteinen.“
Von hieraus können wir in die fruchtbare Ebene schauen, in der sich das Dorf befindet. Jetzt, in der Mittagshitze, liegt es verlassen da, ausgestorben, als hätte die Sonne alles Leben verdampft. Wir rumpeln an hohen grauen Lehmmauern vorbei. Mauern, die einen Garten, einen Brunnen, Ställe, Viehgatter, Wohnstätten mit halbrunden Dächern umfrieden. Innerhalb dieser Areale leben die Familien, bisweilen große Sippen mit ihrem Vieh, wie hinter Burgmauern. Reihen sich mehrere solcher Wallgehöfte aneinander, bildet sich ein Dorf. Der Besucher stößt nur auf dicke, abweisende Wände und wundert sich über

die Verlassenheit.
Hinter dem Dorf steigt das Gelände an. Wir erreichen Lehmmauern, die rechteckig angelegt wurden und eine Bergkuppe, kastellähnlich, beherrschen. Unsere Fahrzeuge halten an einem Brunnen davor. Augenblicklich werden wir von Männern umringt, die, wie aus einer Erdspalte, plötzlich aufgetaucht sind. Alles lächelnde, freundliche Gesichter, die Stabsfeldwebel Rollmann die Hand drücken, als alten Freund begrüßen. Ein Halbwüchsiger treibt seinen Esel heran, eilt strahlend auf den Soldaten zu: „Hello Mister Rollmann. How are you? Vor dem Burgtor sagt der Stabsfeldwebel nicht ohne Stolz: „Das ist die Kugja-Chascht-Schule, vor zwei Wochen wurde der Lehrbetrieb aufgenommen.“ Durch das Tor gelangen wir in einen großen, sauberen Innenhof, von dem man in die einzelnen Klassenzimmer gelangt, die sich im Karree um die Umfassungsmauer schmiegen. Stabsfeldwebel Rollmann, von einer bayerischen Pioniertruppe, leitet das Aufbauprojekt „Kugja-Chascht.“ Er gehört der deutsch-österreichischen Cimic-Einheit an. Cimic steht für „civil-military-cooperation“ (zivil-militärische Zusammenarbeit). 44 Projekte hat die Einheit bereits abgeschlossen, 25 sind in Arbeit, 46 in der Planung.
Alle Räume dieses einstöckigen Lehmziegelbaus sind belegt. Erstaunlich diszipliniert hocken etwa 50 Schüler, in einem anderen Klassenzimmer Schülerinnen, im Alter von etwa 12 Jahren auf dem blanken Fußboden. Inbrünstig sprechen sie nach, was der Lehrer vorsagt. Als Tafel muss ein dunkles Brett dienen. „Es wird zwar schon unterrichtet, aber die Schule braucht dringend ein neues Dach sowie Fens-

ter und Gestühl. 23000 Dollar sind dafür veranschlagt“, sagt Rollmann.
“Wie kommen Sie an das Geld?“ will ich wissen.
„Im wesentlichen über Spenden. Schulartikel stellt die Hilfsorganisation der Bundeswehrsoldaten „Lachen helfen e.V.“ zur Verfügung, eine Bildzeitung-Spende hat andere Schulen mit Möbeln ausgestattet, auch Unicef und „Schüler helfen Schülern“ stellen Mittel zur Verfügung. Große Posten eines Schulbaus sind Brunnenbohrungen zur Sicherstellung einer unabhängigen Wasserversorgung, die Reparatur oder Erstellung der mächtigen Umfassungsmauern, die Elektroinstallation und die Sanitäranlagen. Bestimmte Schreiner- und die Malerarbeiten können unter Anleitung in Eigenhilfe erbracht werden. Dennoch, pro Schule müssen gut und gerne 30 000 Dollar aufgebracht werden. Je nach Zustand der alten Bausubstanz. Neulich haben wir die Bibi Mahrow Realschule wiedereröffnet. Dort werden 3000 Mädchen und Jungen im Alter von sieben bis achtzehn Jahren in zwei Schichten von 78 Lehrerinnen und 17 Lehrern unterrichtet. Mein größtes Projekt“, sagt der Stabsfeldwebel und ergänzt: „Alle Arbeiten wurden unter der Bauaufsicht der Cimic durch örtliche Baufirmen in unserem Auftrag, mit Geldern des Auswärtigen Amtes, geplant und ausgeführt. Die Bausumme betrug fast 50 000 Dollar. – Aber diese Landvolksschule ist mir besonders an Herz gewachsen. Sie wird auch meine letzte sein.“
Schulleiter Muhammad Aziz gesellt sich zu uns. Ein asketischer Mann mit weißem Bart und ausladendem Turban. Er begrüßt es, dass endlich wieder Mädchen unterrichtet werden. Allerdings in nach Geschlech-

tern getrennten Klassen.

Aziz fordert uns auf, die Klassenzimmer zu besichtigen und die Schüler und Schülerinnen nach Herzenslust zu fotografieren, auch mitten im Unterricht. Ein besonderes Privileg, das wir dem vertrauensvollen Verhältnis zu verdanken haben, das Heinz Rollmann zum Direktor und den Lehrern aufbauen konnte. „Ganz wichtig ist“, sagt der Stabsfeldwebel: „Nie etwas versprechen, was nicht gehalten werden kann, sonst ist man bei den Afghanen unten durch!“ Rollmann hat sich stets daran gehalten, das spüren wir an der Herzlichkeit des Empfangs. In Kugja Chascht werden 420 Jungen und 80 Mädchen unterrichtet. „Ich hoffe und glaube, dass die Zahl der Schülerinnen bald zunimmt, was allerdings von der Erlaubnis der Eltern abhängt“, meint Aziz. Wir erfahren, dass der Lehrkörper zur Zeit aus sechs Männern besteht, aber unbedingt um weitere Kräfte aufgestockt werden muss. Begierig saugen die Kinder den Unterrichtsstoff auf: Chemie, Mathematik, Biologie, Geschichte, Englisch, sowie die Landessprachen Paschtu und Dari.

Lehrer sind Respektspersonen und Dirigenten in einem. Das Zeigestöckchen dient nicht nur, um den Takt des Kinderchors zu bestimmen oder Wörter an der Tafel zu zeigen, wer sich nicht diszipliniert, spürt die Gerte auf dem Allerwertesten. Pädagogik wie bei uns in den 50er Jahren! „Wenn gezüchtigt wird, muss ich wegschauen“, sagt der Stabsfeldwebel, „einschreiten darf ich nicht. Im Nu wäre das Vertrauen verspielt!“ Mit unserem Erscheinen in den Klassen droht die Disziplin bei den Jungs etwas zu entgleisen. Jeder möchte abgebildet werden und möglichst mehrere Male. Die Mädchen sind verhaltener, mustern uns neugierig, quittieren Blickkontakt mit einem verschämten Lächeln. „In dieser Grundschule wurden unter den Taliban natürlich nur Jungs im Koran ausgebildet."

Was das heißt, erlebte ich in einer Koran-Schule in Peschawar: den lieben langen Tag plappern kasernierte Jungs Suren nach, die der Mullah auf Arabisch vorbetet. Texte, die nicht verstanden werden können und nicht verstanden werden sollen. Gott ist nicht zu begreifen, du sollst dich ihm nur unterwerfen, predigen die Religionslehrer. Die Schüler lernen Unverständliches in einer fremden Sprache auswendig, weil Suren nicht übersetzt werden dürfen. Jede Übertragung verfälsche den Urtext, heißt es. Wie es dennoch zu diesen aberwitzigen Koranauslegungen der Fundamentalisten gekommen ist? Begreife es wer will. Ich kann nicht folgen.

„Wir kümmerten uns um die Kugja-Chascht-Schule, da war sie in einem jämmerlichen Zustand, eine bessere Ruine! Wenngleich die Renovierung noch lange nicht abgeschlossen ist, kann doch wenigstens leidlich unterrichtet werden", meint Heinz Rollmann, während Muhammad Aziz zustimmend nickt. Der Soldat zieht Fotos aus einem Umschlag, die er mit seiner Digitalkamera vom Projekt schoss. Als er sie verteilt, drängen sich die Männer so dicht um ihn, als habe ein Star Autogrammstunde. „Ich möchte mich mit den Bildern verabschieden und euch für die Zusammenarbeit danken", sagt Rollmann, „in drei Tagen bin ich wieder zu Hause, dann bleibt mir nur die Erinnerung an diese und die vielen anderen Schulen, die wir der Jugend zugänglich machen konnten."

Schulleiter Aziz schließt den Pionier in die Arme: „Ich sage mit leeren Händen Lebewohl, aber mit einem Herzen voller Dank für diese große Hilfe am Wiederaufbau. – `Taschakor`, danke, sagen alle Lehrer, die Schülerinnen und Schüler und ich."

„Würden Sie noch einmal nach Afghanistan kommen?" fragt Christian Nagel.

„Ja", sagt der Stabsfeldwebel ohne zu zögern. „Ich habe das Land lieb gewonnen, ich würde schon gern wissen was aus den Schulprojekten geworden ist. – Ich hatte eine großartige Aufgabe!" Zum Abschluss klettern wir auf ein Stück heiles Schuldach. Oben haben wir einen Blick übers Dorf und auf die Berge dahinter. Neben der Mauer befindet sich ein Weinberg. Ein Bauer schreitet durch die Wingertzeilen und herbstet. Weinlese im islamischen Staat? Durchaus! Die Trauben werden zu Rosinen und Korinthen verarbeitet, um Speisen schmackhafter anzurichten. Der Winzer hängt einige Reben an einen Stab und reicht uns die Trauben herauf.

So auf dem Dach der Schule denke ich an Ursula Nölle und ihren Gemeinnützigen Verein „Afghanistan Schulen." Westlich von Masar-i-Scharif, an der Grenze zu Turkmenistan hat sie mit ihren Helfern mehrere Schulgebäude neu gebaut und saniert. In der kargen Provinz Jowsjan leben rund 155 000 Menschen, die meisten von ihnen sind junge, wißbegierige Afghanen. Ursula Nölle, die Ehrenvorsitzende des Vereins, hilft dem Land in der bestmöglichen Weise: Hilfe durch Selbsthilfe über Bildung. „Gib dem Hungernden keinen Fisch, sondern die Angel", das ist sinnvolles Helfen. Schul- und Berufsausbildung sind das beste Angelzeug. Die fast 80jährige Nölle aus Oststeinbek bei Hamburg betreut mit ihrem Stab unermüdlich, wie vor 20 Jahren, nunmehr 34 Schulen mit 25 000 Schülerinnen und Schüler, 780 Lehrer und Lehrerinnen, außerdem werden Brunnen gebohrt und Handwerker ausgebildet. Ihr zur Seite steht der Vorstand des Vereins und 160 rührige Mitglieder. Alle Spenden fließen direkt und ohne Verwaltungskosten in die Projekte vor Ort. Selbstloses Engagement, das zweimal mit dem Olof Palme Friedenspreis und dem Bundesverdienstkreuz gewürdigt wurde.

Dabei fing alles ganz zufällig an: Nämlich als Mutter Ursula mit Töchtern eine Pakistanreise unternahmen und dabei das Leid in afghanischen Flüchtlingslagern erlebten. Ein Leid, das die Lehrerin nicht mehr losließ. Sie mußte einfach helfen und sie tut es mit ganzer Kraft. „Anfangs sammelte ich Geld in Turngruppen und involvierte meine gesamte Nachbarschaft, damit wir 8000 Mark zusammenbekamen, um zwei Lehrerinnen in einem Flüchtlingslager den Bau einer Mädchenschule zu ermöglichen“, erzählte Ursula Nölle zu den Anfängen. Daraus entstand ein Großprojekt. Natürlich gab`s während der Talibanzeit auch gehörigen Krach mit den Steinzeit-Islamisten, als ihr Verein Lehrerinnen half, Mädchen heimlich zu unterrichten. Um Spenden zu sammeln reist die alte Dame eifrig in Deutschland umher und hält Vorträge. Ihre Begeisterung öffnet so manches Portemonnaie. Ich bin sicher, dass Gerds verlorene Wette im Verein „Afghanistan Schulen“ beste Verwendung findet.

In Paymonar genießt Stabsfeldwebel Rollmann den Status eines Ehrenbürgers. Wenn die Männer hoch zu Ross auf den Markt oder aufs Feld reiten, lassen sie ihre Familien hinter alles umfassenden Lehmmauern zurück. Die Tore sind verrammelt, kein Fremder darf die Familiengehöfte betreten. Frauen, Kinder, alte Männer sind im Dorf geblieben. Stellen da nicht ISAF Soldaten in Schutzwesten und Zivilisten mit Kameras eine Bedrohung da? Mit nichten! Knarrend öffnet sich das schwere Holztor einer ... und noch einer Burg. Geheimnisvoll, als geht eine verwunschene Gralspforte auf. Ein Greis winkt uns herein. Kinder rufen aus dem zweiten Gehöft. Heinz Rollmann ist bei uns und jegliches Misstrauen zerstreut.

Wir betreten das Allerheiligste einer Paschtunensippe, eine Familienburg. Ungebeten bekommt kein Fremder diesen höchst privaten Bereich zu Gesicht. Stolz führt uns der Alte durch den Hofgarten, in dem Melonen und Tomaten wachsen, blühende Sonnenblumen neben Aprikosen-, Äpfel- und Mandelbäumen stehen. Offene Kanäle durchschneiden den Garten sternförmig. Ein ausgeklügeltes Bewässerungssystem nimmt seinen Anfang am Brunnen. Wir schauen in das schier endlos-schwarze Loch, sehen kein Wasser. Der Paschtune wirft ein Steinchen hinein, irgendwann klatscht es leise. In der Trockenzeit verschwindet das kostbare Nass in 40 Meter Tiefe.

Neugierig werfen wir einen Blick in den tandor, den Backofen, der mit Holzkohle befeuert wird. Brot gehört in Afghanistan, neben Tee, Zucker und Reis, zu den Grundnahrungsmitteln. In Backöfen wird das runde Usbekenbrot oder das längliche nân-e-kahâsa Fladenbrot gebacken. In der Küche macht sich eine Frau an einem alten Herd zu schaffen. Sie ist unverschleiert. Langes, schwarzes Haar wallt auf ihren Schultern. Sie trägt eine Pluderhose unter einem Kleid mit handgestickter Bordüre. Als sie uns bemerkt, huscht sie in ein Nebengelaß. In der Küche entdecke ich einen verbeulten Samowar, Schalen, eine Teekanne, Töpfe und Krüge in unterschiedlichen Größen.

Wir schlüpfen aus den Schuhen und betreten das Wohnzimmer, einen mit vielen Teppichen ausgelegten Raum in gemütlicher Atmosphäre. Trotz der Nachmittagshitze ist es angenehm kühl. Dicke fensterlose Lehmwände isolieren vortrefflich. Mehrere Kissen in einer Wandecke mit einem niedrigen Tischchen davor bilden eine kuschelige Sitzgruppe. Die große Messing-Bodenvase auf gedrechselten Holzbeinen scheint der Stolz der Familie zu sein. Liebevoll gleitet die Hand des Alten über die feine Ziselierung.

Draußen trifft uns die Hitze wie ein Hammerschlag. Grell gleißt das Sonnenlicht. Jetzt wird uns der Maschinenpark mit Pflug, Egge, einem alten Perkinsdiesel, allerlei Feldgerät und die Unterstände fürs Vieh vorgeführt. Laut gackernd flitzen Hühner von einem schattigen Plätzchen zum anderen. Wir erfahren, dass in dem Gehöft drei Familien einträchtig beieinander leben. Fragen nach Konflikten, die Familien- und Generationengemeinschaften auf engstem Raum mit sich bringen, kann der Paschtune nicht beantworten, weil er sich keine andere Wohngemeinschaft vorstellen kann. Es gibt einen gewählten Familienrat, an dessen Anweisung hält sich jeder. Asoziales Verhalten, wie Diebstahl, Raub, Mord... wird drakonisch bestraft, in schweren Fällen durch Hinrichtung. So einfach ist das. Der Dorfrat als Hüter des archaischen Ehrenkodex steht über den staatlichen Gesetzen.

Natürlich werden Töchter an Männer aus geeigneten Familien versprochen. Zwangsheirat nennen wir diese Kuppelei. Der Alte ist ein Hüter der Tradition. Neue Freiheiten sind unislamisch, bescheren Chaos, Unbotmäßigkeit, Zwist und Verelendung.

Verelendung? Solange es keine Alternative gibt, wie Versicherungen und Sozialhilfen zum Beispiel, nehmen Brautpreis und Zwangsehen Versorgungsfunktion ein.

Der Alte begleitet uns zum Tor und winkt freundlich zum Abschied. Nachdenklich treten wir aus den Mauern. Mir kommt es vor, als verlasse ich ein mittelalterliches Kloster, das noch über Generationen auf diese Weise geführt wird. Eine heile Welt? Eine Gesellschaft der wir unser Weltbild oktroieren müssen? Ich habe Zweifel, ob wir uns so einfach zum Verkünder unserer Lebensform machen dürfen...

In der Ferne wummert wieder die Erde. Ein giftiger Explosionspilz quillt himmelwärts und erinnert an ein Afghanistan im trügerischen Zustand der Ruhe. Ruhe in Kabul, die fremde Mächte schaffen, was wie ein tiefes Atemholen vorkommt, während anderswo im Land die Waffen sprechen.

„Um die Wahrheit zu entdecken,
bedarf es zweier Menschen:
eines, der sie ausspricht,
und des anderen, der zuhört.“
(Khalil Gibran)

Eine nächtliche Diskussion

Als ich das Gästehaus erreiche, wird im Garten wieder eifrig diskutiert. Es sind die gleichen schlauen ‘man müsste’ – und man ‘sollte’ – Ratschläge meiner Landsleute, wie damals, als die Mauer fiel und ein Gesellschaftssytem in ein anderes überging. Vorschläge gab’s, die schließlich nur Unverstand auslösten. Wie an diesem Abend Afghanen in der Runde aus Unverstand einfach schweigen. Pädagogen kritisieren die Bildungspolitik, Soziologen die Dominanz der Männergesellschaft, Journalisten die Pressefreiheit, Manager die Ineffizienz...

Mein Gott, sind wir aus dem Westen wieder so klug! Ich beobachte Haji Khairi, der anfangs den Argumenten interessiert folgt, bis er resignierend aufgibt, sich kopfschüttelnd in Schweigen hüllt... Bis der multikulturelle Gesprächskreis am schwülen Abend im Haus des Deutschen Club auf einmal die Auswirkung des 11. Septembers wälzt.

„Das Ereignis hat die Welt verändert und Afghanistan in den Fokus gerückt“, bemerkt Hans Fink, „säßen wir sonst hier?“

„Das Leben wäre einfacher ohne Islamisten, ohne Al-Qaida, ohne die Amerikaner!“ sagt Haji Khairi.

„Ohne die Amerikaner?“ erkundigt sich Christian

Nagel.
„Wer hat die Taliban stark gemacht? Wer hat Bin Laden unterstützt? Wer hat Pakistan geholfen Afghanistan zu destabilisieren? Fast überall in der Welt haben die Amerikaner die falsche Politik betrieben, indem sie Gangster, Wirrköpfe oder Despoten erst gefährlich machten!" schimpft Günter Eikhof.
John C. McCarthy protestiert erregt, wird aber von Peter Buschs Frage ruhig gestellt: „Sind Attentate mit dem Dschihad zu rechtfertigen?"
„Der Heilige Krieg gehört nicht zu den Säulen des Islam. Er darf nur in Notfällen ausgerufen werden, nur zur Selbstverteidigung, wenn die islamische Welt angegriffen und in ihrer Existenz bedroht wird", sagt Achmed Patan, Lehrer in Kabul.
„Ist das nicht im Nahen Osten der Fall?" fragt Ali Shawa vorsichtig, ein Bankmanager aus Islamabad, „Juden und fanatische Christen bedrohen muslimische Palästinenser, die Ohnmacht und Verzweiflung in den Untergrund treibt. Ihre Waffe, Selbstmordkommandos und Terrorismus, vergiftet von dort ausgehend die Erde."
„Selbstmord ist doch für den Muslim eines der größten Verbrechen!" gebe ich zu bedenken.
„'Stürzt euch nicht mit eigenen Händen ins Verderben', sagt der Koran und des Propheten Mohammeds Hadithe lautet: 'Wer sich selbst durchbohrt, der wird sich in der Hölle durchbohren', – ganz richtig", pflichtet Igbal Famin, ein gemäßigter Imam, bei.
Khairi: „Dennoch finden Selbstmordterroristen ihre Rechtfertigung. Ein Märtyrertod sei bei Aktionen gegen Tyrannei erlaubt erklären die Islamisten."
„Wie tief müssen Hass und Ohnmacht und Ver-

zweiflung sitzen, wenn dermaßen abscheuliche Taten gerechtfertigt werden?“ fragt Fink.
In diesem Moment tritt ein Soldat aus der Dunkelheit ins Licht der Runde: Gert Conte.
Günter Eikhof formuliert: „Mancher Imam hat in den Moscheen seit 60 Jahren, seit der Auseinandersetzung zwischen Israel und Palästina, nicht nur die Schriften des Islam vermittelt, sondern auch den Hass auf die Welt des Westens gepredigt – als die größte Bedrohung der reinen Lehre. Grundlage für das Agitations- und Erziehungsprogramm ist der Wahhabismus, der rigorose Sittenstrenge fordert und dem das saudi-arabische Herrschaftshaus seit 200 Jahren verpflichtet ist. Er ist die Basis des islamistischen Fundamentalismus weltweit geworden. Und dieser dogmatische Islam wird finanziert, organisiert und gesteuert von Saudi-Arabien. Dort werden auch die mittelalterlichen Rechtsbräuche der Scharia institutionalisiert. Somit ist Saudi-Arabien erst beabsichtigt, dann unbeabsichtigt Exporteur des Terrors. Eines Terrors, der sich verselbständigt hat und jetzt für das Königreich eine ernste Bedrohung darstellt.“
„Vielleicht darf ich ergänzen,“ nimmt Gerd den Gedanken auf, „dass der Wahhabismus einen Mahdi, Osama Bin Laden nämlich, gebären konnte. Nach dem zuvor Mahdi Muhammad Ahmad im Sudan gegen die ägyptisch-britische Kolonialherrschaft kämpfte, ist nun Bin Laden, als gebürtiger Saudi, angetreten, die Welt vor der Dekadenz des Westens zu retten.“
Peter Busch: „Für Al-Qaida und deren Sympathisanten ist die Großmacht USA nur aus dem Hinterhalt zu verletzen. Also wird Terrorismus sanktioniert und

zum Ersatzkrieg.“
„Und man verspricht den Selbstmordkandidaten das Paradies. So erfährt eine jede frevelhafte Gewalttat den Charakter eines sakramentalen Aktes“, meint Gerd.
Ich werfe ein: „Ayatollah Khomeni hatte bereits 1979 erklärt, der nächste große Krieg werde sich aus dem Gegensatz zwischen Christentum und Islam entwickeln und...“
„Muß denn das sein?“ unterbricht mich Nagel, „der Islamismus gibt sich so aggressiv wie das Christentum des 15. Jahrhunderts. Kein Wunder, der Islam ist 500 Jahre jünger. Können wir da Toleranz erbomben?“
„Kriege sind Nährböden für Extremisten. Das gilt auch für den palästinensisch-iraelischen Konflikt! - Und, Oh Graus, die Welt hat ihren Krieg gegen Afghanistan. Und einen gegen den Irak? Seit September 2001 gibt es eine ‘Achse des Bösen’, welcher Staat wird als nächster angegriffen?“ lamentiert Achmet Patan.
„Nach dem Anschlag auf Manhattan muss sich Amerika fragen lassen, ob es diese Art von Terrorismus durch die ihr eigene Arroganz der Macht nicht gar provoziert hat?“ murmelt Khairi mehr zu sich selbst.
„Geradezu mit missionarischem Eifer wollen die USA dem Rest der Welt ihre Konsum-, Spaß- und Individualgesellschaft oktroieren. Einer der wenigen Außenminister mit Weitblick, Henry Kissinger, sagte einmal: ‘Sie hassen uns, weil wir sie entwurzeln!’ – Die Balance ist ein Naturgesetz. Sie hält Erde und Universum in einem Zustand funktionierender Schwebe. Nur im Gleichgewicht der Summe alles

Denkbaren ist Existenz möglich. Und das bedeutet in der kulturellen Auseinandersetzung: Vielfalt in Ausgeglichenheit!" sage ich.
„Dann ist Balance Gott!" schließt der Bankmanager daraus.
„Ganz recht - allein es fehlt die Hoffnung," bestätige ich.
„Nein, nein, auf so wenig lässt sich unser Sein nicht reduzieren", widerspricht der Imam. Auch die übrigen Muslime schütteln energisch den Kopf. Ihr Weltbild sieht anders aus.
Khairi hängt meinen Gedanken nach und meint: „Vielfalt in Ausgeglichenheit, - wenn die Amerikaner andere Lebensformen missachten, dann wären nicht die Täter des Anschlags, sondern die Opfer verantwortlich."
Nun wurde es John McCarthy doch zu viel: „Bull shit! Was sind das für verrückte Gedankenspiele? Vielmehr müssen jetzt alle aufrichtigen Muslime dieser Welt aufstehen und mit dem Finger auf das Mörderpack zeigen! - Für mich ist die mangelnde Bildung für den Terrorismus verantwortlich. Arabische Herrscher lassen bewusst ihre Untertanen verdummen. Sie treiben Analphabeten und Arbeitslose in die Arme islamischer Extremisten. Es gilt doch: ohne Freiheit keine Bildung, ohne Bildung kein Wissen, ohne Wissen kein Wirtschaftswachstum!"
„Nicht alle Kulturen sind dem westlichen Wachstumswahns verfallen. Ich glaube, die Wurzel des Übels liegt tiefer", sagt Gerd und: „Terror basiert auf Ungleichheit, die von den Betroffenen als Ungerechtigkeit empfunden wird. Ungerechtigkeit setzt Kräfte ungeahnter Energien frei. Die Globalisierung hat die

Ungerechtigkeit beschleunigt, ja zum Trauma gemacht."

„Ich habe den Eindruck, dass die Schere zwischen Gewinnern und Verlierern immer brutaler aufgerissen wird", postuliert Peter Busch, „der Terror ist Reaktion, auch Antwort auf Verzweiflung und Furcht – der Aufschrei vor noch größerer Ungerechtigkeit. Er ist die Angst vor dem Untergang der eigenen Identität!"

„Ein interessanter Gedanke, Herr Busch", pflichtet Salah-ud-Din von der Tourism Development bei", das hieße, die große Krise steht uns noch bevor, wenn die Tribute der Saudis an die Islamisten nicht mehr ausreichen, sich die reichen Herrscherhäuser in Riad und in den Emiraten von terroristischer Bedrohung nicht freikaufen können. Wie wird sich das saudi-arabische Königshaus entscheiden: Mohammed oder die USA?"

„Es wird den Islam wählen!" ruft Khairi.

„Dann werden wir die Ölfelder besetzen!" antwortet John C. McCarthy spontan.

„Das bedeutet Krieg der Kulturen, ein neuer moderner Kreuzzug", sinniere ich...

Nachdenklich verharrt die Gesprächsrunde. Es gibt keine Lösung, keine versöhnlichen Worte. Ich denke an neue Konflikte, die mit Soldaten westlicher Armeen niedergeschlagen, die Krisenherde durch Polizeisoldaten notdürftig befriedet werden. Was folgt auf den Balkan und Afghanistan? Der Irak? Korea? Iran? Syrien? Saudi-Arabien? Wann bluten die Ordnungskräfte aus? Wie mächtig ist der Atem Amerikas? Gedankenschwer erheben sich die Gäste und begeben sich auf ihre Zimmer. Haji Khairi starrt in die Dunkelheit. Sein Schädel glänzt im Kerzenlicht wie aus Alabaster gemeißelt. Seine Augen flackern wie Irrlichter, Gerd hat recht, würde ich ihn nicht kennen, sein Ausdruck könnte einem Angst einjagen. Er wirkt unberechenbar, gefährlich und doch so verletzlich. Dann plötzlich höre ich ihn sagen: „Ich fahre Morgen ins Baba-Tal."

„Ins Baba-Tal, nach Bamian etwa?"

„Ja auch, ich will mein Dorf besuchen."

„Ich fahre mit", sage ich frei heraus.

Gerd horcht auf. „Bamian liegt außerhalb des ISAF-Einflussgebiets, wenn euch etwas passiert, kann euch keiner helfen. Außerdem lassen wir keine unbeaufsichtigten Ausflüge zu!"

Khairi grinst verwegen: „Herr Hauptmann, es ist sicher gut gemeint, aber es hört sich beleidigend an. Meinen Sie nicht, dass ich mich in meinem Land auskenne?"

Gerd schweigt.

Wir verabschieden uns. In der Nacht liege ich noch lange wach. Bamian! Der Gedanke an die Stätte des Buddhismus lässt mir keine Ruhe. Bekommt meine Reise eine neue, unerwartete Dimension?

„Wir reisen nicht allein um des Reisens willen,
unsere feurigen Herzen werden
von heißen Winden angefacht.“
(James Elroy Flecker)

Fahrt in die Berge

Alle durchzogen das Land und verwüsteten es: Alexander der Große, er, der Knaben und Männern zugeneigt war, traf seine Liebe hier, die schöne Roxane. Die Hunnen fielen ein, zerstörten Städte, Dschingis Khan fegte wie ein Steppenbrand über Afghanistan, das noch nicht so hieß. Der mongolische Eroberer ließ eine Million Menschen abschlachten, Flüchtlinge aufgreifen, aufschichten, noch lebend mit Gips überschütten und in einer Mauer verarbeiten ... weitere Völkerschaften kamen und gingen, doch die, die in dem rauen Land ausharren, verteidigen es mit Zähnen und Klauen. Der ewige Kampf gegen Eindringlinge hat die Menschen geprägt und unerbittlich gemacht, wie es das Land ist... Und jetzt fahren wir durch dieses unerbittliche Land nach Norden, auf der A 74, Charikar entgegen. Die Straße ist noch befestigt.
Haji Khairi, der Geschäftsmann, war in einem alten, geliehenen Toyota erschienen. Er hatte mir nichts versprochen, dennoch ist er gekommen, weil er gemerkt hat, wie viel mir an einem Besuch des Baba-Tals liegt. Ich bin ihm dankbar, gleich wie sich die Reise gestalten mag. Wie im Rückwärtsgang bewegen wir uns durch die Zeit. Das moderne Beiwerk der Stadt war längst entschwunden. Das eigentliche Af-

ghanistan, die grandiose Landschaft mit den Menschen, die in dieser Landschaft geprägt wurden, bemächtigt sich unser.

Eine Karawanserei nördlich Charikars ist unser Nachtquartier. In der Gaststube sitzen Männer und trinken Tee. Sie wirken streng, unnahbar. Ich bestelle Reis mit Rosinen und ein Omelett. Hungrig mache ich mich darüber her. Im Omelett sind zwei Kakerlaken konserviert. Ich zeige sie dem Wirt. Der lacht herzhaft.

Die Männer spielen jetzt Backgammon. Haji kommt mit ihnen ins Gespräch, wir rücken zusammen und spielen mit. Ich verliere und schiebe einen Stapel Afghani über den Tisch. Afghanen sind versessene Spieler. Der Wortführer der malerischen Typen meint, ich solle Landeskleidung tragen, um nicht so als Fremder aufzufallen. Es heißt, in der Gegend habe man seit längerer Zeit keine Ausländer (ferangi) gesehen. Der jüngste der Gruppe verschwindet. Mit einem seidenbestickten schalwar und einem pokol erscheint er wieder. Ich frage nach dem Preis. Der Anführer lächelt. Haji übersetzt: „An dem schalwar habe seine Frau drei Monate gestickt. Es sei ein Geschenk." Mit diesen Worten schiebt er mir die verlorenen Afghani zurück. Ich bin beschämt. „Es geht mir nicht ums Geld", ließ der Mann sagen, „es geht um Freundschaft!" Und ich habe das Gefühl, tatsächlich unter Freunden zu sein. Sie wollen wissen, was ich in Afghanistan treibe und wo ich hin wolle.

„Nach Westen, nach Bamian."

„Ins Land der Hazaras? – Das sind gefährliche Menschen. Die schneiden Fremden die Kehle durch und rauben sie aus. Die häuten ihre Feinde und lassen sie

verbluten."
Haji versucht das Thema zu wechseln. Hartnäckig warnen mich die Leute, bis der Anführer schließlich eindringlich beschwört: „Die Hazaras sind keine richtigen Muslime!"
In der Kammer allein, kommen mir ernsthafte Zweifel, ob die Reise in Afghanistans wilden Westen eine weise Entscheidung ist.
Es passt sich gut, dass ich in meinen trüben Gedanken abgelenkt werde: Unter der Liege raschelt ein Heer Kakerlaken. Da sie keine Ruhe geben, werfe ich einen Schuh drunter. Nun rasen die Käfer die Wand empor und fallen aufs Gesicht.
Am nächsten Morgen wenden wir uns auf einer unbefestigten Gebirgsstraße nach Westen, wo uns ein imposantes Felslabyrinth verschlingt. Die Sonne wird von schroffen Wänden abgeschirmt, Schlucht folgt auf Schlucht, die Temperatur sinkt, das Licht schwindet aus unseren Gesichtern. Je mehr wir an Höhe gewinnen, desto schmaler wird die Straße. Ich spähe voraus, um nach Hindernissen Ausschau zu halten. Mit einem flauen Gefühl im Magen stelle ich fest, dass die Räder bisweilen am äußersten Rand des Abgrunds drehen. Und während des Aufstiegs heult der Motor immer verzweifelter. Es ist, als reiten wir auf einem Drachen, dem allmählich Kraft und Puste ausgeht.
Vor dem Einbrechen der Dunkelheit haben wir uns endlich auf den 3000 Meter hohen Shebar-Pass gekämpft und rumpeln über eine Holzbrücke, die erschreckend schwankt.
„Sind wir nicht auf der Seidenstraße, der Route Marco Polos, der Soldaten Alexanders?" frage ich.

„Es gibt viele Seidenstraßen. Wir fahren auf einer.“
In einem halbverfallenen Gebirgsdorf, aus Steinquadern aufgeschichtet, prügeln sich zwei Männer. Frauen in schwarzen tschadors eilen vorbei. Ungesichert gähnen neue Schluchten abgrundtief. Geröll poltert herab. Eine hemingwaysche Partisanenlandschaft, düster und verschwiegen, mit verrammelten Häusern und Türen. In einer Schlucht entdecke ich Wracks: Lkws, Autos, Panzerfahrzeuge.
„Sollten wir uns nicht ein Nachtlager suchen?“
„Hier?“ fragt Haji ungläubig.
„Warum nicht. Bald ist es stockdunkel.“
„Dann fahren wir durch die Nacht, bis Sar-e Kowtal“
In der nächsten Kurve springt der Afghane auf die Bremse. Wir schleudern und rutschen vor ein Motorrad, das zwischen einem Stück Straße und dem Abhang liegt. Ein Rad dreht sich noch. Haji reagiert hastig und gibt Gas.
„Da ist doch einer gestürzt!“
„Vielleicht. Wahrscheinlich ist es aber eine Falle. Für Wegelagerer sind wir Reiche aus der Stadt und vogelfrei.“ Schweigsam fahren wir durch die dunkler werdende Bergwelt. Am Sar-e Kowtal zwischen Baba- und Panjsher-Range, wäre ich glatt vorbei gefahren. So düster und verlassen klebt das Felsennest zwischen Berg und Straße.
Irgend eine Kraft drängt Haji Khairi weiter. Das ist fatal! Der ungastliche Ort? Die Befürchtung ausgeraubt zu werden? Alles liegt im Dunkel bis auf das braune, wellige Straßenband im Scheinwerferlicht. Ich staune, dass der Afghane den Serpentinen folgt und nicht geradeaus ins Leere fährt. In Gedanken

wälze ich einen Katastrophenplan: Tür auf, abspringen. Doch wann, wohin?

Von Zeit zu Zeit hängt eine Mondsichel zwischen den Bergen. Das kalte, fahle Licht gibt Haji das Aussehen einer Leiche, die jetzt sogar spricht: „Wir müssen hier durch. Die Gegend wimmelt von Räubern!"

Eine Stunde später. Ich denke, das Schlimmste überstanden zu haben, schert Haji nach links aus ... ins Nichts. Ich bereite mich auf den freien Fall vor. Der Afghane stößt einen Schrei aus. Der Wagen kracht aufs Chassis. Metall auf Fels knirscht entsetzlich. Der Toyota schaukelt nach – und steht. Wie zwei Traumwandler kriechen wir aus dem Auto und lassen uns in den Staub fallen. „Viele Fahrzeuge stürzen in die Täler, viele Menschen sterben", Worte die uns in Charikar auf den Weg gegeben wurden, zucken wie ein Schwert durchs Hirn.

Haji vergräbt sein Gesicht in den Händen. „Allah, sei mir gnädig!" murmelt er.

„Scheiße, Scheiße aber auch!" fluche ich und laufe hinter dem Wagen auf und ab. Natürlich stehen wir unter Schock. Nach geraumer Zeit mache ich mich am Kofferraum zu schaffen, um meine Taschenlampe aus dem Rucksack zu fingern. Noch immer läuft der Motor, doch irgendwie tief blubbernd. Die Scheinwerfer werfen ihr Licht in grundlose Nacht. Beide Vorderräder hängen über dem Abgrund. Eine Felsnase steckt zwischen einem Querholm und dem Auspuff. Ich ruckel etwas am Kotflügel und stelle fest, dass der Wagen fest genug aufsitzt. Von allein wird er wohl nicht abstürzen.

Für uns gibt es im Moment nichts zu tun, außer warten. Warten auf Hilfe oder Wegelagerer. Mit dem

Schlafsack lege ich mich neben die Straße und horche in die Nacht. Haji sitzt noch da und hofft auf Allahs Vergebung. Bittere Kälte bemächtigt sich der Bergwelt. Meine Zähne klappern wie Kastagnetten...
Etwas warmes, weiches fährt mir über's Gesicht. Ich will danach greifen, da vernehme ich ein tiefes Knurren. Als ich die Augen aufschlage, starre ich in ein Wolfsgesicht. Über mir steht ein Tier, das gerade wieder seine Zunge ausfahren will.
Im Morgengrauen erkenne ich einen Lastwagen, Menschen und das Tier über mir ist ein Hund, wohl eine Mischung aus Wolf und Dogge. Haji spricht mit einem Hünen in zerschlissenem Mantel. Mehrere andere Gestalten stehen auf Schaufeln gestützt herum und stieren auf unseren Toyota. Von einigen Schultern hängen Schießprügel. Alles an den Männern ist zäh und knochig, wie geschaffen für ein Leben in den Bergen. Straßenarbeiter, vielleicht ein Räumkommando? Ich schäle mich aus dem Schlafsack und stehe auf. Nach endlosem Palaver wird ein Seil um die Stoßstange gebunden. Bevor der Lastwagen anzieht, womöglich die Ölwanne oder die Stoßstange abreißt, stelle ich rechts und links des Wagens drei Männer auf, die synchron mit dem Ziehen den Toyota anheben sollen. Kommando: „Zu – gleich!" Oh, Wunder! Es klappt beim ersten Versuch. Der Wagen steht wieder auf der Straße. Rasch schaue ich drunter. Der Schaden hält sich in Grenzen: aufgerissene Auspuffanlage, verbeulte Blechabdeckung nebst Querholme. Allah hat vergeben! Für ein ordentliches Bakschisch bin ich zuständig.
Vor Shekari wird die Straße breiter. Plötzlich stecken wir in einer Schafherde, die den Wagen wie ein

Schwarm Fische umströmt. Um Gottes Willen kein Tier verletzen oder gar töten. Der Zorn der Dörfler würde sich in einer erbarmungslosen Steinigung entladen. Haji weiß das und hält. Zwei Hirten mit weißen Turbanen und Stöcken versuchen die wogende Herde zusammenzuhalten.

Wir laufen in Shekari ein. Dutzende von Männern treten vor die Lehmhütten oder laufen uns entgegen. In den Maulbeergärten sehen die Bauern erstaunt auf. Halbwüchsige stehen in den Bäumen wie Matrosen in den Rahen... Was ist los? Werden Staatsgäste erwartet? Auf einem Platz steigen wir aus dem Wagen und stellen fest, dass wir mit unserem Motorenspektakel die Neugierde weckten. Bei Kebab, pilaf und Tee feiern wir erst einmal das Ende der Passstraße mit dem glimpflichen Ausgang eines Beinah-Absturzes.

Gelabt, bittet mich Haji etwas zu warten, er will sich nach Verwandten umsehen. Dann ist er verschwunden. Ich sitze auf einem Rohrstuhl. Bin längst nicht mehr allein. Die Luft ist erfüllt von fremden Lauten, strengen Gerüchen schwelender Feuer. Überall streunende Ziegen. Diesen Morgen empfinde ich wie ein goldenes Zeitalter menschlichen Glücks. Männer mit schwarzen Bärten in Gesichtern wie Faltengebirge sitzen vor ihrem Tee, schauen, als müssen sie auf mich aufpassen. Kinder umkreisen mich, noch ängstlich, als habe der Fremde Lepra. Aber ich fühle, gleich wird die Furcht überwunden sein. Inschaallah. Ich bin in meinem gelobten Land. Und es kommt mir vor, als sei ich schon ewig hier gewesen. Im nächsten Moment erschrecke ich über die Andersartigkeit. Afghanistan vermittelt das ambivalente Gefühl von Nähe und Ferne, von Vertrautheit und Fremde. Und das ist der besondere Reiz des Landes. Vermag das alte, ursprüngliche Afghanistan unseren Durst, unsere Sehnsucht stillen? Die Sehnsucht nach dem einfachen Leben? Oder ist es der Mythos von Wildheit und Abenteuer, der das Land durchweht? Annemarie Schwarzenbach war 1940 unter dem Hindukusch und schrieb: „Man kann, was man nicht mit eigenen Augen gesehen und umarmt hat, nicht wirklich lieben. Selbst Sehnsucht ist immer nur verströmende, verblutende Einsamkeit." Starke Worte, die mir an jenem Morgen ins Gedächtnis kommen.

„Ich habe es mir schon gedacht", sagt einer der jüngeren Männer, die herangerückt waren. Zuvor habe ich ihm verraten, dass ich aus Deutschland komme. Lachend gibt er die Information an seine Kumpel weiter. Abdul Samir, stellt sich der Mann vor. Dank seiner Englischkenntnisse hat er sich zum Wortführer gemacht. Ernsthaft und zugleich rührend entschuldigt er sich für die schwierigen Zeiten, den schlechten Straßenzustand, seine schlechten Sprachkenntnisse und die beklagenswerte Situation im allgemeinen.

„Die großen Städte sind gottlos, die Dörfer verarmt", erklärt Sämig. Seine Freunde pflichten Kopfnicken bei, als haben sie ihn verstanden.

„Der Islam ist der einzige Weg", fährt er fort. Ich nicke, um nicht zu widersprechen.

Jetzt fängt ein Alter, mit einem Riesenzinken als Nase, an zu erzählen, nimmt sich wichtig wie ein Pfarrer beim Gottesdienst. Abdul Samir muss übersetzen. Während die anderen verzweifelte Blicke wechseln. „Ich heiße Mir Badur. Wie lautet Ihr Name, Bru-

der?"
Ich sage es ihm.
„Als junger Mann war ich schnell wie ein Jagdhund. Bergziegen konnte ich verfolgen, bis sie müde stehen blieben. Ich hatte Augen wie ein Falke. Fasane traf ich aus 100 Metern ins Herz. Nun bin ich alt, oft schmerzt die Schulter. Ich war Mudschaheddin und habe gegen die Russen gekämpft." Er zieht sein Gewand zur Seite und zeigt einen Schulterdurchschuß. Ich soll meine Finger in das tiefe Narbenloch legen.
„Ich spreche mit einem tapferen Kämpfer", sage ich, „wie alt ist er?"
Angestrengt rechnet er. Kommt aber zu keinem Ergebnis. Abdul meint: „Mir ist ungefähr 36 Jahre."
Dann wird der „Alte" intimer und erzählt von seiner Ehe.
„Ich hatte zwei Frauen. Die erste war zänkisch und log, war außerdem unfruchtbar. Ich verstieß sie. Von der zweiten gab's einen Sohn. Der wurde von den Russen getötet. Und die Frau starb an einer Blutvergiftung. Jetzt bin ich allein. Gern würde ich mir eine neue Frau nehmen, eine junge, die mir mehrere Jungs schenkt. Aber für eine Frau muss ich entweder 90 000 Afghanis oder zwei Pferde, vier Kühe und 35 Schafe bezahlen."
„Das sind etwa 2000 US-Dollar", erläutert der jüngere Mann.
„Was kostet eine Hochzeitsfeier?" frage ich.
„Oh je, da kommen vierhundert Leute, bleiben mindestens eine Woche bei Verköstigung und Unterkunft."
Plötzlich war die Konversation beendet. Gern hätte ich etwas zum Nachbarort Bamian erfahren und zur

Einstellung gegenüber den Taliban, die das 1600 Jahre alte Kulturdenkmal im Tal geschändet haben. Doch vom Dach eines verwitterten Lehmturms ruft der Muezzin zum Mittagsgebet. Schon lassen sich die Männer gen Mekka auf die Knie fallen um Allah zu huldigen. Haji wird heute sicher ein paar zusätzliche Gebete des Dankes sprechen. Nach einer Viertelstunde ist die schlichte Zeremonie beendet, die Menschen erheben sich, die Männer frönen ihrem Müßiggang aus Palavern, Schauen, Spielen und Teetrinken. Mir scheint, in Afghanistan sind Männer ausschließlich auf der Welt, um Krieg zu spielen und Helden zu zeugen. Beides ist anstrengend, also dienen lange Pausen der Rekonvaleszenz.

Haji Khairi erscheint. Ich folge ihm durch verwunschene Gassen in ein Gehöft. Aus einem Brunnen wird Wasser geschöpft. In einer Ecke führen Kinder Dreschochsen im Kreis herum. Das Rindvieh trottet mit verbundenen Augen, Männer zeigen sich in Pluderhosen, weißen Blusen, bunten Westen. Auf deren Köpfen sitzen keck der pokol oder Turbane. Mädchen mit ausgesprochen hübschen Gesichtern rennen im Hof herum. Bei meinem Erscheinen ziehen sie sich ihre Kopftücher tief ins Gesicht und wenden sich ab. Frauen gleiten wie Schatten an Hauswänden vorbei in dunkle Zimmeröffnungen. Eric Newby fällt mir ein, genau so fühle ich mich: „Wie ein Vorauskommando eines Trupps von Triebtätern, die in ein Paradies eindringen, um zu vergewaltigen und zu zerstören. – Vielleicht einer der unangenehmste Züge des fanatischen Islam ist der Umstand, dass er Menschen anderer Religionszugehörigkeit dazu bringt, sich in Gedanken, Worten und Taten unrein zu fühlen."

Augenscheinlich hatte Haji seine Sippe gefunden. In einem saal-ähnlichen Raum sitzt das Männeraufgebot des halben Dorfes, so kommt es mir wenigstens vor. An den Wänden sind nur noch zwei Plätze frei. Man sitzt auf roten Samtkissen an weißgetünchten Lehm gelehnt. Kaum haben wir uns niedergelassen, eilen Burschen, vermutlich die Enkel und stellen Messingtabletts mit Tee, Knuspergebäck, Rosinen und rohem Gemüse ab. Mein Nachbar mustert mich mit stummen Blicken. Ich lächle ihm freundlich zu.

„Tschutur hasti? - Wie geht es Ihnen?"

„Danke, gut", antworte ich.

„Dschor hasti? - Es geht Ihnen gut? Sitzen Sie bequem? Brauchen Sie ein anderes Kissen?"

„Chub! - Gut!"

„Sie kommen aus Deutschland habe ich vernommen. Die Deutschen sind unsere Freunde."

„Ja", sage ich verlegen, „die Afghanen sind auch unsere Freunde."

„Wie gefällt Ihnen unser Land?"

„Großartig!" antworte ich frei heraus, die Frage erlaubt kein Relativieren.

„Chub!" sagt er bedächtig, wiegt den Kopf etwas sorgenvoll, dann wendet er sich dem allgemeinen Palaver zu. Dabei geht es um unseren Beinah-Unfall. Haji wird nicht müde, immer wieder in Gesten zu zeigen wie weit wir über dem Abgrund hingen. Dann wird über kümmerliche Ernte und das magere Vieh lamentiert und schließlich über die Hauptstadt, mit der Regierung, der die Belange, Sorgen und Nöte in den Dörfern gleichgültig seien. Fast schon natürlich, dass auch auf die „gottlosen" Amerikaner geschimpft wird, die angeblich viel versprechen und nichts halten. Nach etwa einer Stunde endlos-aufregender Wortgefechte fällt meinem Nebenmann auf einmal ein, dass sich in der Runde ja ein fließend Englisch sprechender „Professor“ befindet. So wird arrangiert, dass ich neben Nasarullah Ama, einem Lehrer aus Kabul, sitzen kann. Nach anfänglichem Austausch von Höflichkeiten zum Wohlergehen, erfahre ich: Herr Ama hatte mehrere Jahre in England gelebt, wo er auch unterrichtete und zwar Erdkunde und Geschichte. Mit dem Drang, in den Dörfern seiner Heimat zu lehren, hat er sich vor zwei Jahren in Afghanistan zurückgemeldet. Erst einmal habe ich Nasarullah Fragen zum täglichen Leben in Deutschland zu beantworten: Verdienstmöglichkeiten? Mietpreise in Berlin? Einstellung unserer Regierung zum Afghanistan-Engagement? ... wie in einem Verhör prasseln seine Fragen auf mich ein.

Endlich bin ich dran und kann den Lehrer zum Hasaradschat, jene wenig erforschte Gegend westlich von Bamian, befragen. Die russischen Soldaten vermieden es, die Verteidiger der Bergregion herauszufordern, gelten sie doch als wilde, entschlossene Krieger. Von allen Volksgruppen Afghanistans ist über die Hazaras am wenigsten bekannt. Zu ihren Wurzeln gibt es drei Theorien: Die verbreitetste ist, dass sie Nachfahren der blutrünstigen Horden Dschingis Khans seien. Damit kann ich mir auch die Warnungen der Leute in der Karawanserei erklären. Die andere, die Ureinwohnerthese besagt, die Hazaras seien schon vor der Zeit Alexanders des Großen als Nachfahren der Turkmenen in der Region ansässig. Eine dritte und wohl zutreffendste Theorie ist,

bei den Hazaras handelt es sich um ein Mischvolk aus Turkmenen, Mongolen und Persern.
Das geheimnisvolle Hasaradschat, Afghanistans schwer zugängliche Zentralregion blieb bis Ende des 19. Jahrhunderts ein autonomes Gebiet, von paschtunischen Herrschern Kabuls unangetastet. Emir Abd ur-Rahman allerdings sah die Unabhängigkeit des Bergvolks als Bedrohung für seine Zentralregierung. Mit 100 000 Soldaten, dem größten Heer, das je unter einem König befehligt wurde, kämpfte Abd ur-Rahman das Hasaradschat nieder. Spätere Unruhen wurden mit Hinrichtungen und Deportationen bestraft. Als die Parias des Landes standen die Hazaras am Pranger. Eine Rolle, die sie bis heute nicht losgeworden sind. Was auch mit einem erneuten Versuch zusammenhängt, sich mit England gegen Kabul zu verbünden. Im dritten Krieg gegen Afghanistan legte Lord Kitchener auf das 106. Pionier-Bataillon großen Wert, das aus acht Kompanien Hazaras bestand. Gesellschaftliche und wirtschaftliche Verelendung des Bergvolks waren die Folgen des Engagements mit den Europäern. In Kenntnis der Geschichte, trieben die Kommunisten einen Keil zwischen Hazaras und Paschtunen. Mit dem Ergebnis, dass dem Bergvolk nie dagewesene Privilegien eingeräumt wurden. Obwohl die Mehrzahl der wehrtüchtigen Männer als Guerillas gegen die Sowjets kämpften, ohne freilich in der Allianz der Mudschaheddin-Gruppen ausreichend vertreten zu sein. Hekmatyar bezeichnete Hazara-Kämpfer schlicht als Ketzer. Aus den Wirren jüngster Geschichte sind die Hazaras dennoch als wichtige Kraft im Tauziehen um die Macht hervorgetreten. Getreu

ihrem Motto: „Schischa ki maida schud testar mescha, zerbrochenes Glas schneidet besser."

Neben Nuristan gehört das zentrale Hochland zu den am wenigsten erforschten Regionen Afghanistans. Pässe um 3000 Meter hoch, eine schlechte Infrastruktur und das raue Klima bilden ein Schild vor fremden Einflüssen. Das Interesse für diese Bergwelt keimte, als ein Pilot im Tal des Harirud etwas entdeckte, das einem sonderbaren Schornstein glich. Ohne es zu wissen, hatte er den zweithöchsten Turm aus der Blütezeit islamischer Baukunst gesichtet: Das Minarett von Dscham, ein Wunderwerk aus dem 12. Jahrhundert, dem mystischen König Ghijatuddin gewidmet. Sechzig Meter hoch, am Zusammenfluss von Harirud und Dscham gelegen. Ein Riesenbau in der Form einer Teleskopfeder. Doch besonders ein Monument mit sieben Siegeln: Wo befindet sich die Moschee zum Minarett? Was hat es mit der 19. Sure des Korans auf sich, die sich in 30 Meter Höhe um den Rundbalkon windet? Was bedeutet der jüdische Friedhof in unmittelbarer Nähe des Turmes? Warum befindet sich das Bauwerk in einer solchen Einöde? Wo regierte der Herrscher, dem das Werk gewidmet wurde?

Mir schwirrt der Kopf von all den Informationen und Rätseln im lauten Schoss der Sippe von Haji Khairi. Was mich brennend interessiert, sind Fakten zu einem anderen noch gewaltigeren Monument, den Buddhas von Bamian. Ich frage. Gerade will Nasarullah Ama wie zu einem umfassenden Referat ausholen, hebt das Familienoberhaupt zu einer verspäteten Begrüßungsrede an, die sich mit Hajis und meinem Erscheinen befasst. Er spricht endlos und ewig, mir scheint immer dasselbe. Die Höflichkeit gebietet weder Fragen noch störendes Übersetzen. Ich sehne mich nach Ruhe. Der Chef redet. Pilaf wird aufgetragen. Wortkaskaden werden ausgegossen, sie ertränken schier. Immer mehr Männer lehnen erschöpft und schlaftrunken an der Wand. Hören ist anstrengender als Reden. „Ali Mussat erzählt vom Kampf gegen die Russen ... jetzt vom Sieg über die Taliban...“, flüstert mir der Lehrer zu. Nach der Amerikaschelte müsste eigentlich Schluss sein, denke ich. Doch das ist ein Irrtum. Von wegen schweigsames, wortkarges Bergvolk!...

Aber irgendwann löst sich die Runde der Bergbauern auf. Mir wird ein Raum im hinteren Trakt des Gehöfts zugewiesen. Endlich allein, endlich Ruhe, denke ich, will mich auf die Matratze werfen. Da schlüpft ein junger Mann ins Zimmer. In einer Hand hält er ein laut schnarrendes Kofferradio, in der anderen eine Kanne Wasser.

„Ich Ahmed, Sohn von Omar Hamir“, meint er. Soll mich das beeindrucken? Ahmed setzt sich auf die Matratze und spielt am Radio herum. Ich sinne nach, ihn loszuwerden ohne unhöflich zu sein. Schließlich gehe ich in den Garten. Unter einen Maulbeerbaum ziehe ich die klare, kalte Luft ein. Der Sternenhimmel ist berauschend. Als ich ins Zimmer zurücktrete, weiß ich, dass ich unhöflich war. Wahrscheinlich ist er einfach nur als fürsorglicher Bewacher eingeteilt worden.

Er schaut mich ernst an und fragt plötzlich: „Ihr Empfehlungsschreiben, mir zeigen!“ Ich bin perplex. Fragt mich der Bursche nach einer Referenz!

„Ich Sohn von Bürgermeister. Reisen ohne Empfeh-

lung nix erlaubt!“
In der Not krame ich ein Schreiben der Bundeswehr aus dem Rucksack. Dies hält er sich verkehrt ‘rum unter die Nase und sagt: „Nix Dari!“ Rasch nehme ich den Brief wieder an mich. „Haji Khairi ist meine Referenz.“
„Nix genug!“
Ich bin hundemüde. Langsam werde ich ungehalten. Die nächtliche Debatte gefällt mir nicht, weil sie mir verdammt willkürlich erscheint. Wieder muss ich unhöflich werden: „Ich möchte allein sein, endlich schlafen!“
„So, allein sein wollen Sie - chub.“ Damit ergreift er das Kofferradio und entschwindet.
Da ich nicht weiß, welche Auswirkung das Gespräch mit Ahmed hat, schlafe ich schlecht ein. Mein Plan ist, Morgen nach Bamian zu fahren. Der Ort liegt knapp 30 Kilometer westlich von hier. Haji will in Shekari bei seinen Verwandten und Bekannten bleiben, um die kurze Zeit des Besuchs zu nutzen. Wir müssen beide am Montag wieder in Kabul sein. Angeblich gibt es nach Bamian eine Busverbindung. Darauf darf man gespannt sein. Bamian liegt im Land der tollkühnen Hazaras, die laut der Paschtunen äußerst ruppig mit Fremden umgehen. Die Warnung aus der Karawanserei schwingt nach: „die schneiden ferangi die Kehle durch und rauben sie aus!...“

Afghanische Busse entstammen einem Oldtimer-Kuriositätenmuseum. Kotflügel halten Drahtumwickelungen zusammen, Türen muss der Fahrgast zuhalten. Sitze sind aufgeplatzt. Reifen sind blank wie ein Kinderpopo. Windschutzscheiben erinnern an ein Spinnennetz, dafür sorgt Steinschlag. Auf dem Dachgepäckträger geht's zu wie in einer Folterkammer für Schafe und Ziegen. Das Vieh wird dort flachgelegt und verschnürt. Deren nie endende Angstschreie gehen dem Europäer durch Mark und Bein. Im Kontrast dazu wirkt das Führerhaus wie eine verspielte Puppenstube mit Glöckchen, Kunstblumen, Stofftroddeln, Spiegeln, allerlei Glitzerkram ... alles Glücksbringer oder Schutzsymbole, die braucht der Busfahrer, schließlich spielt er bei jeder Gebirgsfahrt mit seinem Leben.

Nach geraumer Zeit schnauft tatsächlich ein Kleinbus um die Ecke. Haji hält ihn an, arrangiert die Fahrt für mich. Dann zeigt er bedeutungsvoll auf die Schriftzeichen quer über die Busseite. „'Im Vertrauen auf Allah', so heißt dein peoples mover." Ich bin nicht nur beruhigt, sondern angenehm überrascht, von einem Großteil der Familie an den Bus gebracht zu werden. Ahmed, der Sohn des Bürgermeisters kommt auf mich zu. Er überreicht einen Brief. Sogar Nasarullah der Lehrer ist da. Ein Bursche namens Waris fehlt. Das hat seinen Grund. Und ich bin von dem unschönen Ereignis irgendwie betroffen. Eine Tüte mit getrockneten Maulbeeren und eine mit Walnüssen wird mir in die Hand gedrückt. Reiseproviant, den ich nicht bezahlen darf.

Nach mehreren Umarmungen klettere ich in den zum Bersten vollen Bus und über Pakete, Bündel, Kisten, Säcke an meinen Platz. Der Bus macht einen Satz und scheppert davon. Hinter mir wird gewunken.

Erst einmal ziehe ich den Brief aus der Jackentasche,

öffne das Kuvert, dann muss ich schmunzeln. Die Seite ist in Dari verfasst und mit Stempeln versehen. Natürlich kann ich den Inhalt nicht lesen, aber ich bin sicher, Ahmed hat mir ein offizielles Empfehlungsschreiben zukommen lassen, das erlaubt, mich frei in Bamian zu bewegen. Nachdenklich stecke ich den Brief wieder ein und male mir aus, wo und wann das Schriftstück vonnöten sein kann.

Draußen gleitet die wildromantische Berglandschaft dahin, im Bus fallen die Fahrgäste in schläfriges Dösen. Mir kommt der Vorfall von heute Morgen in den Sinn: Nach dem Aufwachen wollte ich mein Tagebuch nachtragen, da merkte ich, dass mein Kugelschreiber fehlte. Wenig später vermisste ich meine Sonnenbrille und ein kleines, aber sehr leistungsfähiges Fernglas von Zeiss mit Restlichtverstärker. Wer hatte die Gegenstände kassiert? Ahmed, der in meinem Zimmer war oder hatte sich, während ich schlief, ein anderer in den offenen Raum geschlichen? Diebstahl, ein schlimmer Verstoß gegen die Regeln der Gastfreundschaft. Was sollte ich unternehmen? Mir war die Situation wahrscheinlich peinlicher als dem Dieb. Meldung bei der Polizei kam nicht in Frage. Fernglas, Brille, Kuli wären, abgesehen von den üblen Verdächtigungen, auf ewig perdu. Ich sprach mit Haji. Und der meinte, die Sache mit dem Malik, dem Sippenchef, diskret regeln zu können. Zehn Minuten später lagen die Gegenstände neben der Matratze. Es stellte sich heraus, dass Waris, ein nichtsnutziger Bengel, obendrein Enkel des gestrigen Volksredners, den Dingen nicht widerstehen konnte. Der Clanchef war außer sich. Er beschimpfte Waris mit dröhnender Stimme und spuckte dreimal wütend vor ihm aus. Zur Versöhnung musste ich ein Paar herrlich bestickter Säbelschuhe aus feinem Leder annehmen. Bevor ich das Geschenk akzeptierte, fragte ich Haji, was mit dem Jungen geschieht. „Die Gesetze des Landes sind hart wie das Leben hier. Die Angelegenheit kommt vor ein Gericht. Eventuell verliert Waris seine Hand"

„Sagt dem Malik, ich nehme das Versöhnungsgeschenk nur an, wenn er mir verspricht, dass dem Jungen kein körperliches Leid zugefügt wird." Etwas ratlos strich sich der Malik über den grauen Bart. Um die Angelegenheit wirklich zu bereinigen, muss der Gast das Geschenk annehmen. Andererseits muss Diebstahl hart bestraft werden. Gäste bestehlen ist ein besonders schweres Delikt. Nach langem Hin und Her versprach der Malik, die Strafe durch harte Feldarbeit büßen zu lassen. Ob er sein Wort hält? Noch heute mache ich mir Vorwürfe, den Diebstahl gemeldet zu haben. Wahrscheinlich hätte ich Waris Brille und Glas geschenkt. So lebe ich mit der Bürde, einem jungen Menschen aus Unbedacht womöglich schweren Schaden zugefügt zu haben...

Jäh wurden meine Gewissensbiße beendet, als der Bus stoppt. Drei Soldaten oder Polizisten - was weiß ich - drängen herein und sorgen für gewaltige Unruhe. Sie lassen sich Ausweise und Papiere zeigen, stöbern im Gepäck herum, als suchen sie etwas bestimmtes. Rauschgift? Opium? Meinen Pass nehmen die Uniformierten unter die Lupe, als wäre es ein Dreikaräter. Ich habe das Gefühl, als reicht den Männern das Dokument nicht. Bakschisch - natürlich! Da kommt mir eine bessere Idee. Ich überreiche den Brief. Neugierig wird er von vier Augen gelesen.

Dann vorsichtig zusammengelegt und mit zackigem Gruß zurückgegeben. Der Inhalt macht mich nun auch wissbegierig.

Wir schlängeln uns nach Westen. Rechts steile Felswände, links ungesicherter Abgrund. Oben an den Felsen entdecke ich getarnte Befestigungen. MG- und Raketenstände hinter Schießscharten. Aus den Hinterhalten lassen sich feindliche Konvois bestens unter Beschuss nehmen. Vor einigen Monaten noch waren die Pässe hermetisch abgeriegelt. Anfangs hatten sich Mudschaheddin hinter den Felsen verschanzt, dann Gegner der Taliban. Kein Murmeltier überquerte diese Straße, ohne von allen Seiten beschossen zu werden.

Auf Schluchten folgen offene Täler, denen etwas Erdreich in Terrassen abgetrotzt wird. Ich frage mich, was mich im Tal der Riesenbuddhas erwartet? Vor fünfundzwanzig Jahren, in Friedenszeiten, ja, da waren unternehmungslustige Ausländer auf der Piste nach Bamian, um den Karawanenrastplatz zu besuchen und die Monumente zu bestaunen. Doch jetzt bin ich allein unter Einheimischen. Und die Buddhas?

„... dieser gesegnete Moment,
in dem die Last des Rätselhaften,
in dem das schwere und drückende Gewicht
dieser unverständlichen Welt leichter wird.“
Wordsworth

Zerstörte Kultur

Das Tal öffnet sich. Sonnenlicht flutet auf eine Kulisse, die den Atem stocken lässt. Die Rote Stadt! Ich fühle mich ins Zentrum marokkanischer Kasbahs versetzt. Ein Konglomerat aus Wehrgehöften und Wohnburgen, aus rotem Stampflehm erstellt. Eine Burgenstadt aus dem 13. Jahrhundert, der Zeit nach Dschingis Khan. Ruinen des Ghenghis Khan, von den Menschen längst verlassen worden. Und doch stehen sie beherrschend da, als gelte es die Ebene abzuschirmen vor Raubrittern des finsteren Mittelalters. Wie absurd? Trachteten sich räuberische Mongolen vor ihresgleichen zu schützen?

Langsam rollen wir durchs Tal, der lebenden Stadt zu: Bamian, eine Oase, eingebettet vom Grün und Gelb quadratischer Felder, umsäumt von schlanken, hohen Pappeln. Der Ort ist von einem massiven Damm mit Wehrtürmen umgeben. Niedere Mauern umfrieden Gehöfte und Siedlungen nach dem Motto: my home is my castle. Der Blick sucht die senkrechten Sandsteinfelsen ab. Dann entdecke ich eine riesige in den Felsen gehauene Einbuchtung, mehr eine kolossale Nische in der Form eines senkrecht stehenden Sargs. Die Öffnung hat etwas Unheimliches, Archaisches.

Mein Nachbar stößt mich an, weist zu den Wänden und meint: „Buddha!" Buddha oder das große Nichts, denke ich. Und als der Bus hält, zieht es mich sofort die Anhöhe hinauf an die Sandsteinfelsen, an die Stätte des Buddhismus. Auf dem Weg dorthin wälze ich viele Fragen und erinnere mich der Antworten. Je näher ich dem Ort komme, desto geheimnisvoller, mystischer – anziehender wirkt er. Unendlich klein und klopfenden Herzens stehe ich vor der Öffnung, in der einst der steinernen, der weltgrößte Buddha stand: 53 Meter mächtig und gütig auf Bamian schauend. Gütig? Das wissen wir nicht! An der Statue haben sich viele Menschen versündigt.
Wer hatte das Bildwerk, hier im Herzen des Islams, aus dem Fels gehauen? Und wer zerstörte es? Rund um die Öffnung erkenne ich Höhlen, wie Waben in einem Bienenstock angeordnet. Durch einen Felsspalt gelingt es, einen Tunnel zu den Höhlen zu erklettern. Enge, finstere Gänge führen zu den einzelnen Klausen. Ein steiler, fast verschütteter Durchbruch endet links oben, dort, wo sich einst der Kopf des Buddhas befand.
Tief da unten liegt das Tal und Bamian. Mit einer Staubfahne am Heck verlässt gerade mein Bus den Ort. Ich habe das Gefühl, in einem gigantischen Termitenhaufen zu stecken, dessen Geländelabyrinth aus Höhlen, Zellen, Klausen, Kammern-Unterkunft für hunderte, vielleicht tausende Menschen war. Von einem Vorsprung aus kann ich den 4800 m hohen Koh-i-Baba besonders gut sehen. Ich lasse wieder die berauschende Szenerie auf mich wirken. „Das Panorama vor meiner Hütte ist unvorstellbar schön. Ich kann nicht hinsehen auf dieses Meer von Gipfeln

und wildzerklüfteten Felsen, ohne Gott anzubeten.“ Charles de Foucaulds Worte fallen mir ein, weil sie so treffend sind an diesem Raum der Meditation, dieser Wallfahrtsstätte...

Ganz recht, die Buddhas von Bamian waren ein bedeutender Wallfahrtsort! Seit dem 3. Jahrhundert breitete sich der Buddhismus im Bergland des heutigen Afghanistan aus. Den frühen koreanischen und chinesischen Gläubigen galt Bamian als Heiligtum. Unter den Kuschanen entstanden auch andere buddhistische Zentren, die jedoch im Sturm der Hephthaliten-Eroberer im 5. Jahrhundert zerstört wurden. Durch die isolierte Lage entging Bamian diesem Schicksal – vorerst.

Wir wissen durch den chinesischen Pilger Fa-hsien, der um 400 nach Christus den Ort besuchte, dass über 1000 Mönche in der Wand des Sandstein-Klosters lebten, arbeiteten, sogar eine Lehrstätte betrieben. Wahrscheinlich schon 100 Jahre vorher waren einzigartige Buddhastatuen aus den Wänden gemeißelt worden. Zuerst 30 Meter hohe, später die größere mit 53 Metern. Bis ins 6. und 7. Jahrhundert hinein entstanden auch die vielen hundert Mönchszellen. Ein anderer Pilger, Hsüan-tsang, pries Bamian als blühende buddhistische Gemeinschaft.

Das Sandsteinmassiv war wie ein Schweizer Käse von Klausen durchlöchert, deren Wände mit prächtigen Gemälden geschmückt waren. Kunst, beeinflusst durch die Seidenstraße, auf der sich Orient und Okzident, Abend- und Morgenland trafen, Handel trieben und kulturell austauschten. Die Achse Rom - China führte durch dieses Tal und hinterließ ihre Spuren. Über die Buddhariesen schrieb Hsüan-tsan

632 nach Christus begeistert: „Die goldene Farbe glänzt an allen Seiten und die kostbaren Ornamente blenden das Auge mit ihrer Helligkeit." Tatsächlich waren die Statuen einst bunt bemalt und Spuren von Blattgold an Händen und Köpfen zeugten bis ins Jahr 2001 von der besonderen Pracht.

Den Faltenwurf der Buddhagewänder hatten die Künstler aus Mörtel über einem Geflecht aus Seilen geformt. Forscher sind der Meinung, dass die Arme der großen Statue sogar beweglich sein mussten. Merkwürdigerweise gibt es zum Gesichtsausdruck der Figuren keine Beschreibung. Stirn Augen und Nase sind beim großen Buddha regelrecht herausgesägt worden. Wahrscheinlich geschah diese erste Kulturschändung Ende des 10. Jahrhunderts, als der letzte buddhistische König unter Sebüktigin dem grünen Halbmond weichen musste. 1222 fielen die Mongolen ein. Als Dschingis Khans Lieblingsenkel Mutugen beim Ansturm auf Bamians fiel, ließ der Große Khan alle Einwohner hinrichten. Gut möglich, dass bei dieser Gelegenheit die Buddhas zusätzlich verunstaltet wurden. Deschelaluddin, Barmians letzter König entfloh den brandschatzenden Horden nach einer Verfolgungsjagd mit einem tollkühnen Sprung in den Indus. Das zentrale Hochland-Reich ging daraufhin unter.

Erst Ende des 19. Jahrhunderts erholte sich das Tal vom Schrecken der Mongolen. Alte längst verschlammte Bewässerungssysteme wurden wieder aktiviert, die Bewohner Bamians widmeten sich dem Feldbau und der Obst- und Gemüsewirtschaft. Immer bewacht von der Präsenz der großen Buddhas. Bamian wurde im britisch-afghanischen Krieg ein

Außenposten der Europäer. Und in der Folge machte ein Geiseldrama Schlagzeilen: Um 1850 bemächtigten sich Afghanen britischer Soldaten, die sie in Bamian versteckten. Als Vergeltung wurden Städte wie Istalif und Tscharikar in Brand gesteckt und der große Basar Kabuls, als Hort konspirativer Aktivitäten gegen die Briten, gesprengt. Mit diesem Finale zogen sich die Briten aus Afghanistan zurück. Die Sowjets hielten sich zwischen 1979 und 1988 im Tal Bamians nur sporadisch auf. Die Gegend schien ihnen einfach zu unsicher.

Zum Schicksal der Buddha-Monumente gibt es unterschiedliche Versionen: Großmogul Aurangseb, der Eroberer, erprobte seine Kanonen an den Felsfiguren. Hernach sollen Hazara-Mudschaheddin sie als Übungsziele für ihre Panzer beschossen haben. Sicher ist, dass der 53 Meter hohe Buddha bis März 2001 in der Steinwand stand. Ramponiert zwar, ohne Arme, mit halbem Schädel und verwüsteten Beinen, doch gut erkennbar. Fanatische Taliban erklärten das eindrucksvollste und größte buddhistische Kulturgut im westlichen Teil Asiens für unislamisch und sprengten es systematisch aus dem Fels. Ein Verbrechen, das viele Einheimische Muslime heute beklagen. „Die Buddhas“, höre ich später im Ort, „waren ein Teil unserer Geschichte. Die Zerstörung ist eine Schande!“ Der Aufschrei der zivilisierten Welt war vergebens, die Gesteinsbrocken der zerstörten, über 1600 Jahre alten Figuren waren längst in die Ebene gepoltert. Zurück blieb die klaffende Wunde mit den Umrissen zweier menschlicher Torsi und die Trümmer zu deren Füßen. Doch sie sollen auferstehen! Paul Bucherer, Schweizer, Leiter eines Museums in der Nähe von Basel, nebenher Experte der Buddhas von Bamian, kämpft gemeinsam mit dem Filmemacher Bernhard Weber und dem afghanischen Bildhauer Amanullah Haiderzad für den Wiederaufbau der monumentalen Statuen an ihrem angestammten Platz.

„Ganz Afghanistan steht hinter der Rekonstruktion", sagt Bucherer, als er aus Bamian zurückkehrte. Und Hamid Karsai proklamierte den Wiederaufbau der Buddhafiguren „als ein nationales Ziel." Er hatte unlängst das Tal mit den leergesprengten Löchern besichtigt. Schließlich handelt es sich nicht nur um ein Heiligtum der Buddhisten oder ein antikes Kunstwerk oder eine Touristenattraktion, nein, die Statuen sind vor allem gemeißelte Zeugen der Toleranz zwischen den Kulturen. Toleranz, die die Menschheit, vor allem Afghanistan, bitter nötig hat. Paul Bucherer: „Die Buddha-Statuen wurden zu einem der wichtigsten Vorbilder für fernöstliche Bildhauer. Und sie sind die weltweit erste figürliche Darstellung Buddhas überhaupt." Seiner Meinung nach leuchtete der große einst rot und gelb, der kleinere blau.

„Die Farbenpracht des großen Buddhas rührt von einer Maske aus Holz, die mit Gold und Kupfer beschlagen war", weiß Weber. Bei dem Gold handelt es sich um die mit Blattgold beklebten Partien. Die teils verschütteten Gänge, Tunnel, Treppen sollen bis in den Kopf des Buddhas geführt haben. Die Mönche kletterten hinauf, bis hinter die Maske. Durch die Nasenlöcher der Holzlarve drangen ihre Gesänge durch das ganze Tal. – Wenn das zutrifft, war das fehlende Buddhagesicht doch kein verunzierender

Sägeschnitt, sondern der verbliebene Schädel, dem das hölzerne Maskenelement weggefault ist. Architekt Paul Bucherer ist der Meinung, dass zum Heiligtum noch ein dritter, liegender Buddha gehört haben muss. Vor Ort ist davon jedoch nichts zu erkunden. So bleibt der Dritte im Bunde vorerst ein Geheimnis. Material und Technik zur Wiederherstellung der Kolosse sind vorerst ebenso mysteriös wie die Finanzierung. Bucherer kalkulierte Kosten um 40 Millionen US-Dollar, die Afghanistan natürlich nicht aufbringen kann. Vielleicht hilft ein internationaler Spendenaufruf? Vorerst will die UNESCO die Felswände der Nischen, in denen die Statuen standen, sanieren. Tiefe Risse deuten auf Einsturzgefahr. In fünf Jahren wird wenigstens der große Buddha aus seiner Nische über das Bamian-Tal lächeln, davon sind Bucherer und Weber überzeugt...

Der Blick ins Tal lässt mich auf einmal von einem tiefen Gefühl der Dankbarkeit durchströmen. Ich habe diese Stätte schauen dürfen und das macht zufrieden. Irgendwo im Westen steht das Minarett von Dscham, dann folgt Herat mit seiner mächtigen Zitadelle und der Großen Moschee... Afghanistan beherbergt viele Kulturstätten, alle anderen jedoch sind arabisch-islamischen Ursprungs und wesentlich jünger. Für mich ist der Sitz der Buddhas – wurden sie auch von Wahnsinnigen aus den Nischen gebombt – die erhabenste Stätte! Ich bin am Ziel und will meine Reise zufrieden ausklingen lassen.

„Die Gier nach hundert
weltlichen Ehren ist nichts
als Bettelarmut.
Wenn er zufrieden ist,
ist der Arme reich.“
(Sufi - Dichter Bedil)

Eine seltsame Herberge

Den leeren Nischen gegenüber liegt das Bamian Hotel. Insgeheim hoffe ich, dort eine Unterkunft zu bekommen. Doch das Haus ist geschlossen. Unschlüssig nehme ich es in Augenschein. Nichts regt sich. Plötzlich steht ein junger Mann vor mir. Er muss aus dem Feld getreten sein. „Brauchen Sie eine mehmanchana, Bruder?“

„Ja, eine Unterkunft für eine Nacht“, antworte ich.

Er geht in den Ort zurück. Ich folge ihm wie ein Tourist einem Fremdenführer durch ein Gewirr enger Gassen. Bekannte des Bauern grüßen. Über eine Leiter steigen wir hinauf in einen großen Raum. Ein Metallwarenladen befindet sich direkt darunter. Im Halbdunkel erkenne ich Personen, die um eine hukah, eine Wasserpfeife kauern. Schwerer süßer Rauch hat das Dachzimmer geschwängert. Der Bauer nennt sich Dostum. Er weist mir eine Ecke zu, wo ich eine uralte Nähmaschine von Pfaff entdecke, dann winkt er mich zu den anderen. Man reicht mir Tee mit Walnüssen und Maulbeeren. Ich leere meine Tüte in eine Messingschale, was wohlwollend registriert wird. Dostum zündet eine Paraffinkerze an. Jetzt erkenne ich die Gesichter der Raucher. Sie wir-

ken entrückt, irgendwie müde und eingefallen.
Die Treppe knarrt, die Tür wird aufgestoßen. Vier bewaffnete Männer treten ein, stellen ihre Gewehre in die Ecke. Sie setzen sich zur Gruppe um die Wasserpfeife. Erst ein zweiter prüfender Blick sagt ihnen, dass ich ein ferangi bin. Stechende Blicke auf mich gerichtet, tuscheln die Männer mit Dostum, der die Ankömmlinge wohl beruhigen kann. Nach geraumer Zeit wird die Runde gelöster. Das Mundstück der Pfeife kreist. Ich halte die Faust so, dass die Lippen das Metall nicht berühren und mein Ziehen ist gespielt. Was da geraucht wird ist sicher kein Virginia-Tabak. Mangels Erfahrung kann ich auch nicht sagen ob es Gras, Pot oder sonst was ist, das da gekifft wird. Ist mir auch egal. Meine Sorge gilt dem Mundstück, mit dem will ich nicht in Berührung kommen. Zu leicht fängt man sich auf diese Weise Hepatitis der schweren Sorte ein.
Als die Stimmung vertraulicher, ja ausgelassener wird, werde ich nach den europäischen Frauen gefragt. Darf eine Frau mit einem Mann vor der Ehe schlafen?
Warum nicht?
Was passiert, wenn ein fremder Mann meine Frau ansieht?
Nichts!
Die Männer in der Runde staunen. Klar, im Westen gibt ja es keine Moral im Umgang der Geschlechter!
Wenn ein Mann meine Frau belästigt, kann er dafür getötet werden?
Um Gottes Willen, das bringt ihn für Jahre ins Gefängnis.
Entgeistert schütteln die Männer den Kopf. Was für

eine sittenlose Welt? Dostum will wissen, ob es stimmt, dass Frauen und Mädchen im Sommer spärlich bekleidet baden.
Ich denke einen Moment über die Antwort nach und sage: „Es gibt Frauen und Männer, die baden unbekleidet."
Das war zu viel, die Runde brüllt und schüttelt sich vor Lachen. Mir wird kein Wort geglaubt und das ist auch gut so. Wahrscheinlich hält man mich soeben für einen okzidentalischen Märchenerzähler.
Wieder geht die Tür auf, ein Bärtiger mit Iltisgesicht bringt dampfenden Reis mit Rosinen und Brotfladen. Kurz darauf folgt ein Mann mit einer Platte, auf der ein Hammelkopf inmitten von Fleischstücken und Soße liegt. Wie kommen wir zu einem solchen Festessen? Das Äußerste, was ich bisher auf dem Land an Fleisch vorgesetzt bekam, war ein zähes Huhn. Auf meine Frage, was es mit diesem besonderen Mahl auf sich habe, bekomme ich keine Antwort. Wir rücken eng um die Speisen und essen mit den Händen. Nach alter Sitte wird der Gast mit guten Fleischstückchen vom rechten Nachbarn gefüttert. Dostum hat diesen Platz eingenommen und es ist ihm ein Vergnügen, mir von allem das Beste in den Mund zu stecken. Ein besonderer Leckerbissen ist das Auge des Hammels. Es stiert mich schon geraume Zeit böse an. Inständig hoffe ich, dass sich einer der Milizionäre dem Auge widmet. Nein, Dostum schält es aus dem Schädel und flupp hat er es mir zwischen die Zähne gesteckt. Da liegt es nun auf der Zunge und fühlt sich an wie eine große Glasmurmel. Was tun? Ausspucken? Das wäre eine tödliche Beleidigung! So wandert das Auge unschlüssig von der

linken in die rechte Backentasche. Heldenmütig schließe ich meine Augen und beiße drauf. Noch jetzt schüttelt es mich. Das Auge platzt, die Zähne mahlen auf einer harten Knorpelmasse. Würgend gelangt die Masse durch die Speiseröhre. Noch ein Auge und ich muss mich an der Tafel übergeben! Dostum zeigt Erbarmen. Er genießt das zweite selbst.

Kräftiges Rülpsen der bärtigen, biblisch anmutenden Dörfler zeigt an, das Mahl ist beendet und hat bestens gemundet. Unwillkürlich zwingt sich mir das Bild „Jesus mit seinen Jüngern beim Abendmahl" auf. Heißt es da nicht: „Warum rülpset und furzet ihr nicht, hat es euch nicht geschmecket?"

Entweder wurde das Abendmahl pünktlich zum Gebet beendet oder das Gebet hat zu warten bis alle satt sind. Unter den jetzt kniefällig Betenden komme ich mir etwas komisch vor und sinniere derweil über den Islam: Im 7. Jahrhundert entstand auf der arabischen Halbinsel die jüngste Weltreligion, die nur einen Gott kennt – Allah. In der Wüste offenbarte er sich damals seinem Propheten Mohammed. Das Ergebnis dieser Begegnung war der Koran, die Heilige Schrift der Muslime. Gottes Offenbarung an Mohammed in 114 Kapiteln oder Suren genannt. Ebenfalls verbindlich ist die Sunna, der vorbildliche Weg des Propheten, niedergelegt in den Sammlungen des „Hadith", seine von engen Vertrauten überlieferten Äußerungen. Ich vernehme inständiges Gemurmel, dabei muss es sich um die tägliche Gebetsformel handeln: „Ich bekenne, dass es keinen Gott gibt außer Gott. Ich bekenne, dass Mohammed der Prophet Gottes ist."

Die tiefe Verbeugung drückt absolute Demut gegenüber Allah aus. „Islam" bedeutet „Unterwerfung". Allah, der Begriff für Gott, ist einzig, ewig und allmächtig. Er ist so gross, dass der menschliche Geist sich ihn nicht vorstellen kann. Deshalb sind auch bildliche Darstellungen von ihm verboten. Das gilt inzwischen für 1,5 Milliarden Menschen, die sich zum Islam bekennen.

Die Befolgung der „Fünf Säulen des Islam" sind die Gebote für Gläubige: 1. Das Glaubensbekenntnis zu Allah, dem einzigen Gott und Mohammed, seinem Propheten 2. Fünf tägliche Pflichtgebete 3. Fasten im Ramadan 4. Entrichtung des Zakats, der Armensteuer 5. einmal im Leben eine Pilgerfahrt nach Mekka. Zusätzlich die Pflicht zum Dschihad, dem Kampf gegen eigene Schwächen und Ungläubige, die den Islam anzugreifen trachten.

Wieder um die Wasserpfeife versammelt, stechen Augen wie Speerspitzen auf den Ungläubigen ein. Niemals zuvor habe ich solche Augen gespürt. Dostum fragt auf einmal und seine Frage klingt merkwürdig provokant: „Was glaubst du, Bruder?"

Die Stille im Raum ist beängstigend. Das Kerzenlicht flackert über die zu Stein erstarrten Gesichter der Männer, die sich jetzt vorbeugen, um meine Antwort zu vernehmen.

„Ich glaube an das Gute im Menschen!" sage ich.

Enttäuscht weichen die Männer zurück, als sie die Antwort in ihrer Sprache vernehmen.

„Sie sind doch ein Christ, ein Ungläubiger!" bohrt Dostum weiter.

„Ja, ich bin Christ. Damit aber nicht ungläubig."

„La illaha ill 'allah. Es gibt keinen Gott außer Allah!

Bei euch gibt es viele Götter."
„Viele Götter?"
„Gott, Jesus, Maria ... und noch mehr," sagt der Afghane.
Mit dem „noch mehr" meint er wohl die Dreifaltigkeit: Vater, Sohn und Heiliger Geist. Ich bin erstaunt, hier im Gebirgsort Bamian von einfachen Landleuten umgeben, so großes Interesse an einer anderen Religion zu erleben. Wahrscheinlich hat das einstige Buddhazentrum die Beachtung unterschiedlicher Glaubensrichtungen wachgehalten?
„Haben Christentum und Islam nicht viele Gemeinsamkeiten? Von Adam und Eva über Abraham bis Jesus, der bei euch Muslimen als bedeutender Prophet gilt. Auch bei euch gibt es Sünde, Himmel und Hölle, Engel – und Gott, der bei euch Allah heißt?" frage ich.
Dostum: „Es gibt keinen Gott außer Allah! Es gibt keinen Sohn Gottes, der auf der Erde lebte, umgebracht wurde, wieder lebendig wurde und jetzt im Himmel als Nebengott regiert. Das ist eine böse Lästerung Allahs, des einzigen und alleinigen."
Im Kern des Islam liegt die Kompromisslosigkeit, fundamentiert in der Schahada, dem Glaubensbekenntnis: „La illa ill 'allah." Der Islam, eine Religion der Unversöhnlichkeit? Es gibt viele Imame, die den Koran unversöhnlich auslegen. Aus dem Fremden entsteht Hass, aus dem Hass Islamisten, die jede auch noch so abscheuliche Handlung mit dem „Dschihad" rechtfertigen. Der Ausdruck bedeutet „sich bemühen um Gottes Willen". Im „großen Dschihad" kämpft der Mensch gegen seinen inneren Schweinehund, um die moralische Reinigung. Der

„kleine Dschihad" aber besagt: Wenn der Islam von außen bedroht wird, ist ein Verteidigungskrieg nicht nur erlaubt, sondern Pflicht. Und wer im „Heiligen Krieg" fällt, dem sind alle Sünden vergeben. Er wird sofort ins Paradies einziehen... Merkwürdig, in diesem Moment erinnere ich mich oben in der Dachstube, unter den äußerlich so wilden Gesellen Bamians, eines Gesprächs mit Claudia Voss.

Claudia lebt in Hamburg, studierte Philosophie, heiratete den Afghanen Abdur Rahman und konvertierte zum Islam. Seither war sie nur mit Kopftuch zu sehen und hat den Vornamen Waffa, „die Aufrichtige", angenommen. Musik, Alkohol, Rauchen, Kino wurden aus ihrem Leben verbannt, dafür wird an Ramadan gefastet. Das Leben einer Deutschen als strenge Muslemin – freiwillig? Das sieht nach Gehirnwäsche aus. Die Konversation zwischen Nora, ihr und mir war geradezu beängstigend: „Der Koran liefert keine Grundlage für Terror! – Mit einer Ausnahme: es darf getötet werden, wer Verderben stiftet – zur Selbstverteidigung. Und dann auch nur die Schuldigen, die Angreifer."

Nora: „Wer sind die Schuldigen?"

Waffa: „Juden, weil sie Palästina besetzen. Die Amerikaner, weil sie deren Verbündete sind und den Islam angreifen."

„Gibt es andere Schuldige?" fragte ich.

„Werbeplakate, Magazine, Filme, die nackte Frauen zeigen."

„Was noch?" fragte Nora gespannt.

"Noch? Schau doch in den Spiegel! Dass du Lippen und Augen schminkst, deine Haare zeigst, einen viel zu engen Pullover trägst – all das ist ein Angriff auf den Islam!“

Die Verdauungswasserpfeife wirkt wie ein Kalumet, eine Friedenspfeife und ist doch der Ausdruck für eine grandiose Heuchelei. Verbietet der Islam doch berauschende Substanzen jeglicher Art! Ich komme mir vor wie ein Verschwörer in einer konspirativen Sitzung, in der eine Meuterei oder ein Staatsstreich geplant wird. Die Männer tuscheln miteinander über fahlem Kerzenlicht. Ich verstehe nichts. Bisweilen fallen Namen, die sich wie Karsai, Hekmatyar, Al-Qaida und Osama anhören. Da niemand etwas übersetzt, entsteht in mir eine eigentümliche Spannung ..., die sich jeh auflöst, als die Männer aufstehen, ihre Waffen ergreifen und wie Füchse aus dem Hühnerstall entschlüpfen. Nun habe ich den Dachboden für mich allein. Der Rauch der Wasserpfeife benebelt und macht müde.

Am nächsten Tag faucht ein Sandsturm durchs Tal, so dicht, dass Bamian zu einer konturlosen Masse schmilzt, in der sich die Menschen tastend orientieren. Ich harre im Ort wie ein Gefangener. Von Zeit zu Zeit sieht Dostum nach mir, als befürchtet er, ich könnte im Sandsturm verloren gehen.

Endlich klart es auf. Die Menschen bekommen Gesichter, der Ort klare Umrisse. Ein Bus traut sich wieder in Richtung Osten. In Shekari treffe ich Haji Khairi. In einheimischer Kleidung, vom roten Wüstenstaub gepudert, fällt es ihm sichtlich schwer, mich für den ferangi zu halten, mit dem er unterwegs ist. Wir trinken Tee und besprechen die Rückfahrt, vor der uns beiden graut. Was mochte der Pass und die verdammte Gebirgspiste noch in petto haben? Hält der angeschlagene Toyota überhaupt durch?

Schließlich brechen wir auf, vom Dorf verabschiedet, vollgetankt, mit Proviant und Wasser ausgerüstet, als heiße es, die afghanische Wüste zu durchqueren. Schlimmer! Für Motorfahrzeuge ist der Hindukusch gefährlicher als der ewige Sand. Wir haben Arbeitsteilung verabredet: Ich fahre über den Shebar Pass bis Do Abi Ghowr Band, Haji dann weiter bis Kabul. Die Rückfahrt ist beschwerlicher als die Reise in den Westen. Steinschlag und Muren machen die Strecke kaum passierbar, weil zuvor heftiger Regen niedergegangen war. Stellenweise kommen wir kaum schneller als ein Fußgänger voran. Doch endlich erreichen wir Charikar und die Asphaltstraße bis Kabul. Nach der bedrohlichen Bergwelt wirkt die große Stadt so vertraut, so wohl geordnet.
Im Garten des Gästehauses begrüßen uns Bekannte wie uralte Freunde. „Schon wieder da?“ meint Christian Nagel, „es hieß, ihr seid Abhänge runtergerutscht.“
„Nur einen – fast“, verbessert Haji müde.

„Die wirkliche Reise besteht
nicht darin neue Welten zu entdecken
vielmehr seine eigene mit anderen
Augen zu sehen."
(S. Bambaren)

Der alte Tischler

Wir sind noch einmal auf den Hügel gefahren, auf dem das zerbombte Mausoleum von Nadir Schah thront. Schweigend lehnen wir am Jeep und schauen über die Stadt. Die Sonne eines heißen Tages schickt sich an, hinter den Weißen Bergen zu versinken und ein Feuerwerk von Farben überzieht den Himmel Afghanistans. Gerd, der Fahrer und ich, wir stehen still da und betrachten die friedliche Welt um uns herum. Friedlich? Trügerisch friedlich – wären fremde Mächte sonst hier? In dem Land, das so fesselt durch seine raue Struktur, so überwältigt durch seine Dimension, so packt und dennoch erschüttert durch seine Menschen...

Ich greife nach Notizblock und Stift und beginne zu schreiben:

Trete ich schon die Heimfahrt an? Ich lasse Sand und Wüste zurück, Gebirge, Täler und Gipfel. Ich vergesse Khyber und Kandahar, die geheimnisvolle Fremde... In der letzten Stunde des alten Tages, im kühlen Abendwind, ergreift mich immer aufs Neue die Traurigkeit des Aufbruchs: eine ins Ferne und Abenteuerliche verbannte Existenz? Mit dem Blick auf das zerstörte Kabul denke ich an verlorene Freunde und die Erinnerung daran verursacht in mir ein Gefühl von Übelkeit und Leere. Ich denke an Bomben, Sandsturm, Verletzte, Verwundete, an Haji Khairis Lebensweg und unser Glück in den Bergen. Bevor ich nach Afghanistan ging, glaubte ich einem Abenteuer, einer Sehnsucht folgen zu müssen, um einen weißen Fleck auf meiner Landkarte verständlich zu machen. Heute bin ich einfach dankbar, dieses Land erleben zu dürfen – aus so unterschiedlichen Perspektiven. Auch wenn die ungelösten Probleme...

Gerd beugt sich herüber, ohne den Blick vom Abendrot zu nehmen: „Du hast nun einiges gesehen vom Land und so manche Meinung gehört, was hälst du von unserem Dienst hier?"

Erstaunt unterbreche ich meine Notizen. „Willst du das wirklich wissen?"

„Würde ich sonst fragen?"

Längst habe ich eine Meinung zur ISAF in Afghanistan. Dennoch denke ich eine Weile nach und sage: „Ihr habt eine wichtige Aufgabe und sorgt für Stabilität. Noch würden die Ethnien übereinander herfallen, sich und andere Staaten in den Abgrund reißen. Bleibt zu wünschen, dass die Regierung bald allgemeine Solidarität genießt, um ohne fremde Ordnungsmacht regieren zu können. Je länger die ISAF bleiben muss, desto größer ist die Gefahr, dass sie von der Bevölkerung als Besatzung empfunden wird."

„Das ist ein Dilemma! Die einen wollen wesentlich mehr fremde Soldaten, um die Macht zu festigen. Die anderen keine, um aus dem Chaos Profit zu schlagen. Afghanistan ist ein Vielvölkerstaat mit über 40 Sprachen. Uneinigkeit ist das einzig Konstante dieses Landes.“

„Nicht unähnlich zu unserem Werdegang. Uneinigkeit und Profilsucht einzelner hat die Weimarer Republik zerstört und uns die Diktatur mit einem Despoten beschert. Aus dem wirtschaftlichen Tief hätte sich Deutschland auch in einer Demokratie herausarbeiten können“, sage ich.

„Merkwürdig“, meint Gerd, „Disziplinlosigkeit disziplinierter Menschen?“

„Wir haben den Begriff immer falsch definiert, Gerd, das scheint unser Problem zu sein, sicher auch eine Charakterfrage. Wie das Individuum einen Charakter hat, so auch ein Volk. Im Vergleich zu England, Frankreich oder den USA haben wir unsere Bewährungsprobe als Demokraten noch nicht bestanden.“

Gerd schaut mich von der Seite an. „Du meinst die Reformfähigkeit in der Demokratie?“

„Aufschwung und Konsolidierung belasten Demokratien am wenigsten. Krisen sind wirkliche Probationen.“

„Du vergleichst Deutschland mit Afghanistan?“ fragt Gerd erstaunt.

„Ich sehe die Gefahr, der viele Staaten ausgeliefert sind in Zeiten wirtschaftlichen Niedergangs.“

„Deutschland wird nicht am Hindukusch verteidigt?“ fragt Gerd auf einmal.

„Nein! Deutschland muss sich gegen keinen äußeren Feind verteidigen, wohl aber gegen innere!“

„Wie Menschen mit der Wut zur Selbstzerstörung?“

Als Antwort schreibe ich in mein Notizbuch:

Ja! – Die Zeit in Afghanistan kommt mir schon fast vor wie eine Insel, die allmählich vom Meer überspült wird. Aber schon jetzt weiß ich, dass ein Teil meines Herzens für alle Ewigkeit mit dem Land verbunden bleibt. Ich stehe hier über der Stadt in scheidendem Licht und spüre ein Gefühl von Sehnsucht und Erleichterung. Sehnsucht, weil viele Geheimnisse rätselhaft bleiben. Erleichterung, weil ich vieles schauen durfte ... und beides ist gut so...

„Hatte ich dir von Mohammed, dem Tischler, berichtet?"

„Dem das Trottoir als Werkstatt dient? - Hast du."

„Wir wollen ihn besuchen. Er möchte dich kennen lernen", meint Gerd.

Unten im Ort, in der Straße der Handwerker, räumt Mohammed flugs ein Plätzchen auf dem Bürgersteig frei. Während er mit uns Tee trinkt, drechselt er Staketen für eine Treppe. Aber nur, weil ich ihn bat, weiter zu arbeiten. Wie ein Jongleur hält er mit den Zehen das Stecheisen am Rundholz und dreht das Holz, eingespannt in eine Bogensehne. Ich glaube, eine solche Hand-Fuß-Fräse wurde in der Eiszeit erfunden. Mohammed beherrscht das Handwerk meisterhaft. Nach dem dritten gedrechselten Stab erzähle ich ihm etwas von Kopier- und CNC gesteuerten Fräsen, die pro Minute Zigtausend Stäbe in allen erdenklichen Formen herstellen. Doch Mohammed lächelt nur verlegen und fragt, ob ich die Geschichte des blinden Raschiid kenne. Ich verneine. Und er sagt: „In der Oase Divalak lebte einst ein blinder Mann, der sehr glücklich verheiratet war – allerdings mit einer besonders hässlichen Frau. Eines Tages erschien in der Oase ein Wunderheiler, der anbot, den Mann von seiner Blindheit zu befreien. Die Dorfältesten trafen sich, um über die Angelegenheit zu beraten. Schließlich stimmte man dafür, den Wunderdoktor heilen zu lassen. Hinten im Raum der Versammelten regte sich plötzlich Widerspruch. „Bedenkt folgendes, ehrwürdige Dorfälteste“, sagte ein Männlein namens Nasruddi, „was ist besser: sehen können oder glücklich sein?“ Also zog der Wunderheiler unverrichteter Dinge von dannen.“ Nach der Geschichte schaute mich der Tischler erwartungsvoll an.

Ich nickte nur.

„Ein treffendes Gleichnis – Industriemenschen denken in großen Stückzahlen“, versucht mich Gerd zu entschuldigen.

Mohammed legt seine Arbeit beiseite, sein Sohn sorgt ständig für Nachschub heißen, süßen Tees. Und wir unterhalten uns bis in den späten Abend.

Als Gerd zum Aufbruch mahnt, erhebt sich der Tischler geheimnisvoll und verschwindet. Erscheint mit einem Kästchen in den Händen. Das 15x15 Zentimeter große Etwas ist in grobes Packpapier eingeschlagen, mit einer Schnur umwickelt.

„Sie verlassen Morgen unser Land. Hier, eine kleine Erinnerung an Afghanistan.“

„Für mich?“ frage ich erstaunt.

„Sie sind der Vater. Ihr Sohn ist mir ein guter Freund. Er hilft mir mit Arbeit und uns durch seinen Dienst“, sagt Mohammed.

Ich will das Paket aufschnüren, da legt der Afghane seine Hand auf meinen Arm und meint: „Bitte nicht hier, nicht jetzt.“

Ich folge dem Rat. Obwohl wir uns kaum kennen, umarmen wir uns vor dem Gehen. Die Männer Afghanistans sind hart, unerbittlich und so sentimental.

Im Wagen sagt Gerd: „Auch er war Mudschaheddin

und hat getötet – töten und Tränen liegen dicht beieinander.“

Im Gästehaus setze ich mich auf die Pritsche meines Zimmers und wickel das Paket aus. Was zum Vorschein kommt, bewegt mich stark: ein überaus fein mit Intarsien verziertes Schmuckkästchen, besser eine kleine Schatztruhe mit vielen Schubladen und geheimen Fächern. Ein Kunstwerk aus herrlichem Olivenholz. Ein Meisterstück, das Mohammed Monate beschäftigt haben muss. Das Geschenk beschämt mich. Ich habe es nicht verdient. Irgendwann zu Hause werde ich es Gerd geben. Er hat dem Land sechs Monate gewidmet, ich bin nur einige Wochen herumgereist...

Es klopft an der Tür. Ich rufe herein. Haji tritt ein.

„Ich habe gehört, dass du das Land verlässt“, sagt er.

„Ja, Morgen - aber ich hätte mich schon noch verabschiedet“, antworte ich.

„Ich fahre mit einem Partner ganz früh nach Kandahar.“

„Kandahar“, wiederhole ich versonnen, „ich wünsche dir gute Geschäfte.“

„Danke! – sehen wir uns in Hamburg?“ fragt er.

„Natürlich, sicher!“

Wieder muss ich an Yakob Harum denken und an Masrullah, den Falkner. Mein Gott, Kandahar! Die Ereignisse von damals kamen mir vor wie ein längst vergangener Traum und eine Sekunde lang schießt es mir durchs Hirn: Haji, ich fahre mit nach Kandahar. Doch statt dessen schweigen wir in dem kargen Raum mit der schummrigen, nackten Leuchtbirne. Das einzige Geräusch verursachen Kakerlaken, die die glatte Wand emporklettern wollen und immer

wieder abstürzen... Und mit einem Mal wird mir bewusst, dass die Reise wirklich zu Ende ist. Bald ist alles vorbei, all die starken Eindrücke, die fremden Menschen, die immer weniger fremd wurden; die vielen Gespräche und Gedanken, die so richtig waren und so wenig bewirken. Die beeindruckenden Männer und Frauen in ihrem unerschüttlichen Glauben an Allah, dem einzigen Gott... Offenbar hat sich etwas verändert in mir. Ich leide nicht mehr unter dem Gefühl des Pessimismus denke ich an die Zukunft Afghanistans, nein, im Gegenteil, ich bin von einer eigentümlichen Zuversicht durchdrungen - und ich freue mich darüber.
Morgen werden wir zum Flugplatz gebracht. Werden wieder die kugelsichere Weste anlegen müssen. Irgendwann, sicher schon bald, wird auch das vorbei sein. Die Menschen werden sich frei bewegen und entfalten, alle fremden Soldaten werden abziehen können, weil sie ihre Aufgabe erfolgreich beendet haben. Was bleibt, ist die Erinnerung an das faszinierende Land unter dem Hindukusch. Morgen, wenn ich mich von Gerd und seinem Kommandeur verabschiede, werde ich ihnen von meiner Zuversicht berichten, denn auch sie werden Afghanistan in ein paar Tagen verlassen. Und sie sollen wissen, dass sie nicht umsonst im beißenden Wüstenstaub standen!
Schweigend geht Haji zur Tür, macht sie auf, ohne sich umzudrehen sagt er: „Auf Wiedersehen in Hamburg, Carl - und taschakor!“
„Adio Afghanistan!“ rufe ich ihm nach. Dann wird die Tür zugezogen...

Zeittafel

(Stand 2005)

Ab 2000 v. Chr.	Die Arianer hinterlassen in ihren Hymnen, den Vedas, deutliche Spuren ersten kulturellen Erwachens im Raum zwischen Hindukusch und Amu-Darya.
Ab 9. v. Chr.	Kommen in Eroberungswellen Meder, Perser, dann Assyrer.
6.-4. v. Chr.	Das Gebiet des heutigen Afghanistan ist Teil des persischen Achämeniden-Reichs. Zoroaster (Zarathustra) verbreitet seine Lehre vom alten Ariana (dem damaligen Bakhtrien) im 6. Jahrh. Die Seidenstraße beginnt China über Balkh (Bakhtra) mit westlichen Kulturen zu verbinden.
550 v. Chr. bis 545 nach Chr.	Der persische Großkönig Kyros II. schlägt die Meder und vereinnahmt Ariana, Turkestan, Belutschistan, südliche und östliche Teile des heutigen Afghanistan. Unter den Nachfolgern Kambyses und Darius I. hat das Persische Reich seine größte Ausdehnung.
331-300 v. Chr.	Eroberung durch Alexander den Großen.
331 v. Chr.	König Darius III., der letzte der Achämeniden, wird von dem Makedonier Alexander besiegt und getötet. Kandahar und Herat sind Alexanders Stadtgründungen.
Um 263 v. Chr.	Kaiser Aschoka des mächtigen Maurya-Staats führt nach seiner Bekehrung in Teilen des heutigen Afghanistan den Buddhismus ein.
3. bis 4. nach Chr.	Persische Sassaniden erobern Gebiete des heutigen Afghanistan.
Um 450	Erste Hunneneinfälle, Zerstörung von Bakhtrien und Kuschan. Von den arabisch/persischen Sassaniden geschlagen, verschwinden die Hunnen in den Steppen Innerasiens.

	Im zentralasiatischen Hochland blüht der Buddhismus. Zeugnis davon legen die riesigen Buddhafiguren im Bamian-Tal ab, die zu jener Zeit ein berühmtes Pilger- und Klosterzentrum darstellen.
7.-10. Jahrh.	Arabisch-islamische Durchdringung.
Um 652	Sunnitische Ommayaden stoßen nach Norden vor und erobern Herat. Der umfassenden, gewaltsamen Islamisierung wird erst im Indus-Tal Einhalt geboten. Der Buddhismus wird zurückgedrängt.
Um 900	Die Stadt Ghazni, südlich des heutigen Kabul, entwickelt sich zu einem der kulturellen Mittelpunkte Zentralasiens unter der Dynastie der Ghaznaviden.
12. Jahrh.	Den Ghoriden, einem Bergvolk, aus dem Firuz-Koh-Gebirge, gelingt es sich von der Unterdrückung der türkischen Ghaznaviden zu befreien und als erster rein afghanischer Stamm das Reich bis zu den indischen Niederungen zu besetzen.
13. u. 14. Jahrh.	Invasion der Mongolen unter Dschingis Khan und Timur. Afghanistan wird Teil des Mongolischen Reiches. Dabei kommt es zu erheblichen ethnischen Verschiebungen.
ab 1221	Die blühenden Städte jener Zeit: Balkh, Bamian, Kabul, Ghazin, Herat werden von den Mongolen zerstört.
1227	Der Eroberer Dschingis Khan stirbt. Die vier Söhne des großen Khan teilen die Beute: ein Riesenreich zwischen Peking und Wolga, unter sich auf.
	Marco Polo zieht auf seiner Reise zum chinesischen Hof die Seidenstraße entlang.
1250	Was einmal Afghanistan werden soll, ist halb persisch und noch halb mongolisch (Khanat Djagatai).

1370	Tamerlan (Timus Lenk) lässt sich zum Herrscher ausrufen. Samarkand wird seine Hauptstadt. Er ist ein Eroberer von unglückseliger türkisch-mongolischer Mischung und das Sinnbild des Schreckens für Asien. In Südafghanistan zerstört er kunstvolle Bewässerungssysteme und hinterläßt eine Wüste.
Um 1405	Eine neue kulturelle Blüte entwickelt sich unter den Timuriden des Herrschers Hussein-i-Baiqaras, dessen Hauptstadt Herat wird.
Ende d. 15. Jahrh.	Turkmenen und Usbeken erobern Herat und Kabul.
15. bis 17. Jahrh.	Babur, der Tiger, festigt seine Herrschaft über weite Gebiete Indiens und des heutigen Afghanistans. Als „Reich der Grossmoguln“ soll es in der Folge über 2 Jahrh. Bestand haben.
1747	Gründung Afghanistans. Ahmad Khan Sadozai Abdali wird König des neuen Staates.
1839-1842	1. Britisch-Afghanischer Krieg mit verheerender Niederlage für die Briten.
1878-1880	2. Britisch-Afghanischer Krieg. Anerkennung der britischen Oberhoheit im Vertrag von Gandomak (1879).
1893	Vertrag über die Festlegung der heutigen Grenzen Afghanistans entlang der so genannten Durant-Linie, die im Südosten das Gebiet der Paschtunen durchläuft.
1918-1919	3. Britisch-Afghanischer Krieg. Die Unabhängigkeit Afghanistans wird von den Briten anerkannt.
1919-1929	Regentschaft des Reformkönigs Amanullah.
1928	Der König besucht Deutschland. Einführung des Kabinettsystems, Säkularisierung der Verwaltung. Abschaffung des Schleierzwangs. Der König wird wegen zu rascher

	Reformen und durch Verrat gestürzt.
1929	Regentschaft von König Habibullah II. (Tadschike), der weitere sozialrevolutionäre Reformen durchzusetzen versucht.
1929-1933	General Mohammad Nadir Khan (Vetter Amanullahs) vereinigt die Paschtunen-Stämme. Mit britischer Hilfe erobert er Kabul und stürzt Habibullah II.
1933-1973	Regentschaft von Mohammed Zahir (Sohn Nadir Khans). Er beruft eine „Loya Jirga" ein, unterzeichnet eine neue Verfassung und benennt die ersten bürgerlichen Ministerpräsidenten.
1948	Der König besucht Deutschland.
1964	Gründung der Demokratischen Volkspartei Afghanistan (DVPA). Zu den Gründungsmitgliedern der Moskau-freundlichen und sowjetisch orientierten Partei gehören neben anderen: Karmal, Taraki, Khyber.
1965	Erste Parlamentswahlen.
	Gründung der hauptsächlich von Intellektuellen getragenen säkularistischen Reformbewegung Scho'la-ye dschawid („Ewige Flamme"), die wegen ihrer unabhängigen Position rasch wächst.
1966	Die DVPA spaltet sich in Khalq (Volk), Partscham (Fahne) und Setam-e melli (Bewegung gegen die Unterdrückung der Nationalitäten).
1973	Prinz Mohammad Daud (der rote Prinz, Vetter von Zahir Schah) putscht mit Hilfe des Partscham-Flügels und übernimmt die Macht.
	Gründung der Republik Afghanistan.
	König Mohammad Zahir weilt in Italien und begibt sich ins Exil nach Rom.
1978	Nach einem prosowjetischem Militärputsch unter der Leitung von Hafisollah Amin kommt Mohammed Taraki an die Macht.

	Daud wird ermordet (Saur-Putsch). Ausrufung einer sozialistischen Volksrepublik. Afghanistan unter der Herrschaft der DVPA von 1979-1992.
1978 / 79	Präsident Tarakis Versuche, unter Missachtung traditioneller Werte, Landreformen und Verstaatlichungen durchzuführen, provoziert einen Volksaufstand. Ein Bürgerkrieg, der rund 23 Jahre dauern soll, zeichnet sich ab.
1979	Bei einem Machtkampf zwischen dem Khalq- und dem Partscham-Flügel wird Präsident Taraki ermordet. Neuer Präsident wird Tarakis Stellvertreter Hafizullah Amin. Der Widerstand der Mudschaheddin (Glaubenskrieger) weitet sich zum Guerillakrieg aus.
Dezember 1979	Amin wird in einem von sowjetischen Invasionstruppen geführten Putsch ermordet. Die Russen bringen Babrak Karmal an die Macht.
1980	Amtseinführung des Partscham-Vorsitzenden Babrak Karmal als Präsident von Afghanistan.
1980-1986	Trotz der Anwesenheit von bis zu 120 000 Sowjetsoldaten kann der Guerilla-Widerstand nicht gebrochen werden.
ab 1980	Aufbau mehrerer islamischer Parteien außerhalb Afghanistans. Wachsende Flüchtlingsströme nach Iran und Pakistan. In den von islamistischen Parteien kontrollierten Lagern werden die Flüchtlinge zwangsrekutiert. Der Widerstand der Mudschaheddin nimmt zu. Die USA, Pakistan, China, Ägypten, der Iran und Saudi-Arabien unterstützen die Rebellen mit Waffen und Geld.
1985	Mehrere Rebellengruppen schließen sich zusammen, um gegen die Sowjets zu kämpfen.

1986-1992	Machtwechsel im Kreml von Andropow zu Gorbatschow.
1986	Najibullah putscht unblutig gegen Karmal und wird Präsident. Aufbau lokaler Milizen mit Unterstützung der Armee. Dostum wird wichtigster Milizenchef. Die USA bewaffnen die Mudschaheddin mit Stinger-Luftabwehrraketen, mit denen russische Kampfhubschrauber abgeschossen werden können.
1988	Afghanistan, Pakistan, die UdSSR und die USA unterzeichnen ein Friedensabkommen. Die Sowjettruppen beginnen mit dem Abzug.
1989	Die letzten russischen Soldaten verlassen Afghanistan. Mudschaheddin setzen den Kampf gegen Najibullah fort.
1990	Putschversuch General Tanais gegen Najibullah mit Hilfe der Hezb-e islami (Hekmatyar). Tanai flüchtet nach Pakistan und schließt sich später den Taliban an. Die Zahl der afghanischen Flüchtlinge erreicht mit 6,2 Millionen ihren Höhepunkt.
1991	Najibullah versucht die Armee zu säubern und Paschtunen seines Vertrauens einzusetzen. Gründung der Dschonbesch-e melli-ye islami (Nationale Islamische Bewegung), die sich mit Dostum und Masur verbündet. Nordafghanistan wird de facto unabhängig.
1992	Najibullah gibt die Macht an die Mudschaheddin ab. Burhanuddin Rabbani wird Präsident. Rivalisierende Fraktionen setzen die Auseinandersetzungen fort. Die Kämpfe zwischen Hekmatyar und Massud/Rabbani nehmen an Intensität zu, ebenso die zwischen Mazri und Sayyaf.

1993	Baku-Konferenz (Aserbaidschan) mit dem Ziel die Regierung Rabbani abzulösen.
1994	Fehlschlag des Baku-Plans.
	Erstmaliges Auftreten der Taliban in Kandahar.
	Aufbau und Unterstützung der von Mullah Omar geführten Taliban durch Pakistan, Saudi-Arabien, USA und England.
	Machtkämpfe entfachen den Bürgerkrieg neu.
1996	Die Taliban stürzen Rabbani, ermorden Najibullah und übernehmen die Kontrolle über Kabul und Jalalabad.
	Strenge islamische Sitten werden durchgesetzt.
	Dank saudischer Finanzierung erobern die Taliban drei Viertel des Landes. Ihre Regierung wird jedoch nur von Pakistan, Saudi-Arabien und den VAE anerkannt.
	Bildung der so genannten Nordallianz, einer Anti-Taliban-Verbindung aus den Führern Dostum, Massud, Khalili, Mansur und Gailani.
1998	Taliban erobern Masar-i-Scharif, die Hauptstadt des Nordens.
	Schwere Erdbeben erschüttern Nordostafghanistan.
	Die USA feuert als Vergeltung für Terroranschläge auf zwei US-Botschaften in Ostafrika Marschflugkörper auf Trainingslager Osama bin Ladens in der Provinz Khost (Afghanistan).
1999	Die UN verhängen eine Luftblockade und Wirtschaftssanktionen gegen die Taliban, da diese Osama bin Laden Schutz gewähren.
2000	Die Taliban erobern Takhar, das Hauptquartier der Nordallianz.
2001	Taliban zerstören in Bamian die beiden riesigen Buddhastatuen aus dem 3. und 5. Jahrh. mit der Begründung sie seien ein Affront gegen den Islam.
Am 9. Septem-	ermorden zwei Selbstmordattentäter den Führer

ber	des Widerstands gegen die Taliban, Schah Massud. Das Kommando soll von dem Saudi Osama bin Laden beauftragt worden sein, der mit seiner Organisation Al-Qaida seit 1994 das Gastrecht der Taliban genießt.
Am 11. September	wird die USA von einer konzertierten Terroraktion erschüttert. Ziele sind das World Trade Center in New York und das Pentagon in Washington. Als Drahtzieher wird Osama bin Laden vermutet. Die USA ruft die internationale Staatengemeinschaft zu einer „Allianz gegen den Terror“ auf. Eine von den USA geleitete Militäraktion gegen die Taliban wird vorbereitet.
Am 8. Oktober	beginnt die USA mit der Bombardierung Afghanistans.
November	Einheiten der Nordallianz verdrängen die Taliban aus strategisch wichtigen Städten wie Masar-i- Scharif, Kabul, Herat, Nimruz, Farah. Petersberg-Konferenz bei Bonn.
17. November	Rabbani zieht in Kabul ein. Vertreter von Ex-König Mohammed Zahir Schah kritisieren dies als Versuch der Machtübernahme. Die UN fordert Rabbin auf, alle Volksgruppen an einer künftigen Regierung zu beteiligen.
30. November	Schwere Luftangriffe auf Kandahar. Osama bin Laden auf der Flucht. Tod seines Stellvertreters Mohammed Atef.
Dezember	Unter dem Befehl von General John McColl bilden Briten das Vorauskommando der internationalen Schutztruppe ISAF (International Security Assistance Force). Das Bundeskabinett beschließt die Entsendung von 1200 Soldaten nach Afghanistan. EU-Sonderbeauftragter Klaus-Peter Klaiber in Kabul.
18. Dezember	Die Bergfestung der Taliban- und Al-Qaida-

	Kämpfer Tora Bora fällt.
22. Dezember	Hamid Karsai legt als Übergangs-Premier von Afghanistan seinen Eid ab.
1. Januar 2002	Ein 200 Mann starkes Erkundungsteam deutscher Soldaten begibt sich nach Kabul.
	Rätselraten um den Verbleib Osama bin Ladens und Mullah Omar.
Januar	General Carl Hubertus von Butler kommandiert die deutschen Soldaten der ISAF in Afghanistan.
	Nach 5 Jahren Schulverbot werden 15 von Deutschland finanzierte Mädchenschulen eröffnet.
März	USA in große Boden-Luftoffensive gegen Taliban- und Al-Qaida-Nester verwickelt, in der auch neue Benzinbomben vom Typ Thermobaric eingesetzt werden.
	Deutsche KSK-Einheit sucht Seite an Seite mit US-Spezialtrupps in Afghanistan nach Terroristen („Operation Anaconda").
	Beim Versuch, alte russische Flugabwehrraketen zu entschärfen sterben zwei Bundeswehrsoldaten und drei dänische ISAF-Angehörige.
	Britische Marines starten „Operation Ptarmigan" gegen Al-Qaida-Verstecke an der Grenze zu Pakistan.
	Ein schweres Erdbeben erschüttert die Provinz Baghlan im Norden Afghanistans.
April	Afganistans Ex-König Zahir Schah kehrt nach Kabul zurück.
Juni	Afghanistans Loya Jirga wählt eine neue Regierung. Hamid Karsai wird zum Präsidenten gewählt.
	General Manfred Schlenker wird Kommandeur des deutschen Kontingents der ISAF.
Dezember	Politisch motivierte Selbstmordanschläge in Kabul nehmen zu.
	Beim Absturz eines Bundeswehrhubschraubers

	in Kabul sterben sieben Soldaten der Bundeswehr.
10. Februar 2003	Gemeinsam mit den Niederlanden führt Deutschland die ISAF-Schutztruppe.
August	Im Süden Afghanistans kommt es bei schweren Gefechten mit Taliban-Milizen zu vielen Toten. Afghanisches Heroin und Opium „überschwemmt" den Weltmarkt.
September	Attentat in Kabul auf die Zentrale der privaten Dyncorp-Söldner, die Karsai bewachen. (Neun Tote).
November	Der abgetauchte ehemalige Taliban-Chef Mullah Omar ruft zum Kampf gegen ausländische Besatzungstruppen auf.
Dezember	Die neue Verfassung Afghanistans wird in der Loya Jirga beraten. Mitgeschrieben hat sie der Hamburger Staatsrechtler Prof. Ulrich Karpen. Die afghanisch-pakistanische Grenzstation Chaman entwickelt sich zum Aufmarschgebiet der Dschihadis. Afghanische „Gotteskrieger" kontrollieren wieder vier Provinzen im Südosten des Landes.
Mai 2004	Das Programm zur Entwaffnung afghanischer Milizionäre beginnt.
Juni	Bei einem Terroranschlag auf Bundeswehrsoldaten werden in Kabul vier Männer getötet und 29 verletzt.
August	Der amerikanische Kopfgeldjäger Jonathan Keith Idema (Tora-Bora-Jack) steht in Kabul wegen Geiselnahme, Folter und Visum-Vergehen vor Gericht. Die NATO übernimmt die Führung der ISAF-Truppe.
September	Jetzt sind 2175 deutsche Soldaten der ISAF für Afghanistan im Einsatz. 270 in Kunduz, 110 in Faisabad, 320 auf dem logistischen Stützpunkt in Termes, der Rest in Kabul.

Oktober	Hamid Karsai wird trotz Boykottaufrufen in freien Wahlen und offiziell zum Staatspräsidenten gewählt.
Dezember	Nach 25 Jahren eröffnet der Golf Club in Kabul.
ab März 2005	Mit internationaler Unterstützung rüstet Afghanistan zum Kampf gegen den Mohnanbau, die Opium-Heroin-Produktion und die Drogen-Kartelle.
Mai	Präsident Karsai will die US-Truppen dauerhaft in Afghanistan halten, sein Ansinnen stößt bei der Afghanistan National Congress Party (ANCP) auf starke Kritik.
	Zur Zeit sind 18 000 Soldaten der US-geführten Koalitionstruppen im Land. Dennoch ist die Sicherheitslage instabil. Um Sabul, im Süden, wird weiterhin gegen Taliban gekämpft.
ab 1. Juni	Deutschland schickt schrittweise die ersten afghanischen Flüchtlinge zurück.
Juni	In Kabul werden Cholera-Fälle registriert.
	Taliban ermorden Polizisten und Kandidaten für die Parlamentswahlen in der Provinz Kandahar.
	Im Norden (Provinz Takhar) kommen zwei Bundeswehrsoldaten bei einer Explosion um. (Insgesamt starben bisher 16 deutsche Soldaten in Afghanistan.)
	Taliban schießen US-Hubschrauber mit 17 Soldaten ab.
	Afghanistan ist mit Abstand der größte Opiumproduzent der Welt.
18. September	Parlamentswahlen.
	Osama Bin Laden und Mullah Omar bleiben unauffindbar.

„Die Kultur ist ein Schlüssel,
mit dessen Hilfe man die Tür
zur Erkenntnis anderer
öffnen kann... der wahre
Weg zur Freundschaft und
zur Sympathie.“
(Prinz F. Konoye)

Kleine Landeskunde

„Islamischer Staat Afghanistan“ heißt das Berg-, Steppen- und Wüstengebiet südlich des Hindukusch offiziell. Stürmische Geschichte, rätselhafte Schätze, faszinierende Menschen... kaum ein Land ist eindrucksvoller!
Der erste Blick aus dem Flugzeug auf die bizarre Topografie lässt schaudern und man fragt sich, was wohl die Bewohner veranlasst diese abweisende, feindliche Region mit größtem Pathos zu verteidigen?
Nun, die meisten Völker sind einfach hindurchgezogen, nach Osten, in lieblichere Gefilde. Doch die, die blieben, sind dem Reiz der Urlandschaft auf ewig verfallen und haben sie zu ihrer Heimat gemacht. Und das ist das eigentlich Besondere, das Unerklärbare: hat man Land und Leute einmal kennen gelernt, lässt beides nicht mehr los!
Notgedrungen ist Afghanistan noch heute einer der ärmsten und verschlossensten Staaten der Erde. Das liegt, neben der außergewöhnlichen Bodengestaltung, vor allem an der politischen Situation. Es ist ein Trauerspiel, dass die Natur- und Kulturschätze den

Interessierten immer noch verborgen bleiben, das Reisen außerhalb Kabuls eine Gefahr für Leib und Leben bedeutet. Doch der Tag wird kommen, an dem Touristen auch diesen packenden Winkel Asiens erleben können: Das Kaleidoskop aus Entdeckung und Abenteuer, Kunst und Kultur, Islam und Animismus, Leid und Mythos.

Hier nun einige nüchterne Fakten zu Afghanistan:
Botschaft in Deutschland:
Wilhelmstrasse 65, 10117 Berlin
Tel.: +49-30-229 26 12
E-Mail: afghanische-botschaft@t-online.de

Nationalfeiertage: 28, April, 19. August
Zeitzone: MEZ + 3,5 Stunden
Fläche: 652 225 km²
Verwaltung:
31 Provinzen, die von zum Teil mächtigen Provinzfürsten verwaltet werden
28 Mio. Einwohner, davon
38% Paschtunen
25% Tadschiken
19% Hazara
6% Usbeken
und Minderheiten von Turkmenen, Baluchi, Nuristani u. a.Bevölkerung:
Religion: 84% Sunniten, 14% Schiiten, 2% Animisten
Die größten Städte:
Kabul (Hauptstadt) 1.425.000 Einwohner
Kandahar 226 000 Einwohner
Herat 178 000 Einwohner
Masar-i-Scharif 131 000 Einwohner

Landessprachen:
Dari, Paschtu (Amtssprachen)
Usbekisch
Die Lingua franca ist Dari, die afghanische Version des Persischen, obwohl ein Drittel der Bevölkerung, insbesondere im südlichen Teil des Landes, Paschtun spricht. Beide gehören zur Familie der indoeuropäischen Sprachen.
Innerhalb des Landes werden noch etwa 40 weitere Sprachen gesprochen.
Geographische Lage:
Östliches Vorderasien, begrenzt von Turkmenistan, Usbekistan, Tadschikistan, China, Pakistan, dem Iran.
Wirtschaft:
Währung Afghani (Af) 1 Af = 0,02 Euro
Produkte:
Weizen, Früchte, Nüsse, Gemüse, Baumwolle, Mohn, Schafe.
Der Welt größte illegale Exporteur von Opium.
Rohstoffe:
Erdgas, Salz, Steinkohle, Kupfer, Erdöl, Eisenerz, Edelsteine.
Industrie:
Teppichwebereien, Nahrungsmittelproduktion (Rosinen).
Verkehr:
Straßennetz: 21 000 km, davon 13% befestigt.
Kein Schienennetz, rudimentäre Busverbindungen.
Internationale Flughäfen: Kabul, Kandahar.
Fluggesellschaft: Ariana Afghan Airlines.
Fremdenverkehr:
Touristische Aktivitäten sind wegen der unruhigen

Situation noch nicht möglich. Sobald sich die Lage stabilisiert hat, wird der Hindukusch sehr attraktiv sein für: Bergtouren jeder Art (Klettern, Wandern, Trekking, Reittouren).

Neben anderen Highlights sind in Afghanistan sehenswert:

Das Bamian-Tal mit der Roten Stadt, Bamian und den ehemaligen Buddhastandorten
Der Bogen von Bost
Die Stupa von Guldara
Die alten Stadtmauern und der Bogen von Balkh
Der Musalla-Stelen-Komplex
Das Minarett von Dscham
Die Zitadelle und die Große Moschee von Herat
Buskaschi, die nationalen Reiterspiele von Oktober bis März, vornehmlich in Kunduz und Masar-i-Scharif
Die Hasrat-Ali-Moschee in Masar-i-Scharif
Die Kunar-Flusslandschaft
Die verwunschenen Bergdörfer von Nouristan
Kabul mit vielen Sehenswürdigkeiten (Mandawi-Basar, das schiitische Aschura-Fest, Mausoleum von Amir Abdur Rahman, Sherpur Moschee)
Das Minarett von Ghazin
Das Grab Mirwais Babas und die alten Ziegel-Brennöfen von Kandahar
Die Oase Kandahar als Ausgangspunkt für abenteuerliche Wüstenfahrten in und durch die Dascht-i-Margo
Die beeindruckende Seenkette im wüstenhaften Bergland von Band-e-Amir
Das legendäre Pandschir-Tal mit den terrassierten Weizenfeldern
Die einst heiß umkämpfte Bergfestung Tora Bora in wüstenhafter Umgebung

Literatur

Bin Ladin, Carmen: Der zerrissene Schleier. Knaur Taschenbuch Verlag, München, 2005.

Carew, Tom: In den Schluchten der Taliban. Scherz Verlag, Bern, 2000.

Chraibi, Driss: Die Zivilisation, Mutter! Unionsverlag, Zürich, 1983.

Cropp, Wolf-Ulrich: Afghanistan – Reise in ein Land voller Wirren. Axel Springer AG, Berlin, 2002.

Hautnah. R. G. Fischer-Verlag, Frankfurt, 2005.

David, Saul: Die größten Fehlschläge der Militärgeschichte. Wilhelm Heyne, München, 2003.

Dupree, Nancy Hatch: An Historical Guide to Afganistan. Afghan Tourist Organization, Kabul, 1977.

Elger, Ralf (Hrsg.): Kleines Islam-Lexikon. Verlag C. H. Beck, München, 2001.

Elliot, James: An Unexpected Light – Travels in Afghanistan. Picador, London, 1999.

Ende, Werner; Steinbach, Udo (Hrsg.): Der Islam in der Gegenwart. Verlag C. H. Beck, Münden, 2000.

Follett, Ken: Die Löwen. Gustav Lübbe Verlag, Bergisch Gladbach, 1986.

Friese, Matthias; Geilen, Stefan (Hrsg.): Deutsche in Afghanistan – Die Abenteuer des Oskar von Niedermayer am Hindukusch. Aqua Verlag, Köln, 2002.

Girardet, Edward: So sah ich Afghanistan. National Geographic, Hamburg, 2001.

Hagel, Christoph: Afghanistan im Aufbruch. Südwest Presse, Ulm, 2002.

Imbeck, Klaus: Kämpfen, was sonst? Geo, Hamburg, 1980.

Koch, Egmont. R.: Atomwaffen für Al Qaida - Dr. No und das Netzwerk des Terrors. Aufbau-Verlag, Berlin, 2005.

Küng, Hans: Der Islam – Geschichte, Gegenwart, Zukunft. Piper Verlag, München, 2005.

Lüders, Michael: Der Verrat. Arche-Verlag, Hamburg, 2003.

Maley, William (Hrsg.): Fundamentalism Reborn? Afghanistan under the Taliban. C. Hurst & Co., London, 1997.
Michener, James A.: Caravans. Random House, New York, 1963.
Nagel, Tilman: Der religiöse Fundamentalismus. Verlag, C. H. Beck, München, 2001.

Newby, Eric: A Short Walk in the Hindu Kush. Harper Collins Publishers, London, 1958.

Pierk, Carl-H.: Afghanistan – Der lange Weg zur Normalität. Kompass, Würzburg, 2002.

Pohly, Michael; Durán, Khalid: Nach den Taliban. Ullstein-Econ-List-Verlag, München, 2002.
Raimondo, Lois: Der lange Weg zum Frieden. National Geographic, Hamburg, 2001.
Rashid, Ahmed: Afghanistan – The Importance of Being Hazara. The Herald, Karachi, 1997.
Taliban - Afghanistans Gotteskrieger und der Dschihad. Droemersche Verlagsanstalt Th. Knaur Nachf., München, 2001.
Riesebrodt, Martin: Die Rückkehr der Religionen - Fundamentalismus und der 'Kampf der Kulturen'. Verlag C. H. Beck, München, 2000.
Said: Der lange Arm der Mullahs. Verlag C. H. Beck, München, 2001.
Sasson, Jean P.: Ich, Prinzessin aus dem Hause Al Saud - Ein Leben hinter tausend Schleiern. C. Bertelsmann, München, 1992.
Schefter, Karla: Weil es um die Menschen geht – Als Krankenschwester in Afghanistan. Ullstein-Econ-List-Verlag, München, 2002.
Schetter, Conrad: Kleine Geschichte Afghanistans. Verlag C. H. Beck, München, 2001.
Schuldt, Frank: Auftrieb für Kabul. Y. Magazin der Bundeswehr, Streitkräfteamt, Informations- und Medienzentrale, Bonn, 2002.
Schwarzenbach, Annemarie: Alle Wege sind offen – Die Reise nach Afghanistan 1939/1940. Lenos Verlag, Basel, 2003.
Seliger, Marco: Friede den Bauern, Krieg den Baronen. Societäts-

Verlag, Frankfurt, 2005.
Shakib, Siba: Nach Afghanistan kommt Gott nur noch zum Weinen - Die Geschichte der Shirin-Gol. C. Bertelsmann Verlag, München, 2001.
Souad: Bei lebendigem Leib. Blanvalet Verlag, München, 2003.
Todenhöfer, Jürgen: Wer weint schon um Abdul und Tanaya? Herder Verlag, Freiburg, 2003.
Wiegandt, Winfried, F.: Afghanistan – Nicht aus heiterem Himmel. Orell Füssli Verlag, Zürich, 1980.
Williams, Maynard Owen: Erst der Stamm, dann der Staat. National Geographic, Hamburg, 2001.
Woodward, Bob: Bush at War. Simon & Schuster, New York, 2002.
Zoya: Mein Schicksal heißt Afghanistan. Verlagsgruppe Lübbe, Bergisch Gladbach, 2002.